ブックレット NH Booklet No.15

先生！ 今日の授業 楽しかった！

――多忙感を吹き飛ばす、マネジメントの視点――

増田修治

目次

はじめに　多忙感の解消から教師生活の充実へ……2
第一章　学級づくりと授業づくりの双方向関係を創り出す
――学級づくりをマネジメントの視点から見てみよう――……7
第二章　豊かな授業づくりのために
――授業づくりをマネジメントの視点から見てみよう――……24
第三章　豊かな授業を保証するための学校マネジメント……49
おわりに……58

はじめに　多忙感の解消から教師生活の充実へ

教師の多忙化

教師が多忙であると言われてずいぶん時間が経っています。日本標準教育研究所が二〇一二年四月から二〇一四年四月までの二年間をかけて、のべ七〇〇〇人以上の教師に「小学校教師の意識についてのアンケート」（以下「小学校教師意識調査」）を四回実施しました。それぞれの調査から浮かび上がってきたキーワードは、下のようなものでした。

アンケートの中で、「充実した教師生活を過ごせているか」という質問に対して、「とてもそう思う」「まあそう思う」を合わせると、八五％もの高率になりました。しかし、高い充実度の反面、「授業や学級づくりに時間がとれない」「学校にいる時間が長く、生活が犠牲に

第一回調査　教師の仕事

・浮かび上がる教師の多忙な日々
・子どもの成長が教師の喜び
・教師が力を発揮できる環境づくりを

第二回調査　勤務状況と子どもの状況

・教育政策実現の難しさが浮き彫りに
・格差社会が、教育現場の根幹を揺るがす
・子どもに寄り添う時間と空間の保証を

第三回調査　授業と教材

・多忙化解消の具体的手立て
・教材研究のための時間の保証
・子どもと教師が輝く学校の創造を

なっている」「家族や恋人がいないので、いまの生活ができますが……」「この働き方で、あと四〇年は続かないと思う」「結婚してまで続けられる仕事ではないと思う」といった切実な声が寄せられていました。

　多忙さの中で、自分の時間さえ確保できず、大量な事務仕事に追われる教師生活。肝心な授業の教材研究すらままならない現実が、手に取るように見えてきました。また、下のグラフに見られるように、休日出勤をしている教師が七割近くもいるのです。中には、寝袋持参で教室に寝泊まりする教師もいました。

　では、休日出勤時の仕事内容はどのようなものなのでしょうか。「教材研究・授業準備」と「提出物や成績の処理」が共に三二・三％でした。休日に出勤しなければ、仕事を終えることができない実態が浮かび上がってきました。

　その教材研究についての調査は、三回目のア

第四回調査　多忙

・多忙と多忙感の相違を見極める
・教師本来の仕事に立ち戻るために
・今すぐできることを考える

（『小学校教師の意識についてのアンケート―実施報告書―』二〇一三年 日本標準教育研究所、『先生は忙しいけれど―「多忙」、その課題と改善―』二〇一四年 日本標準教育研究所より）

教師の休日の出勤日数
（勤務を要しない日，月平均）

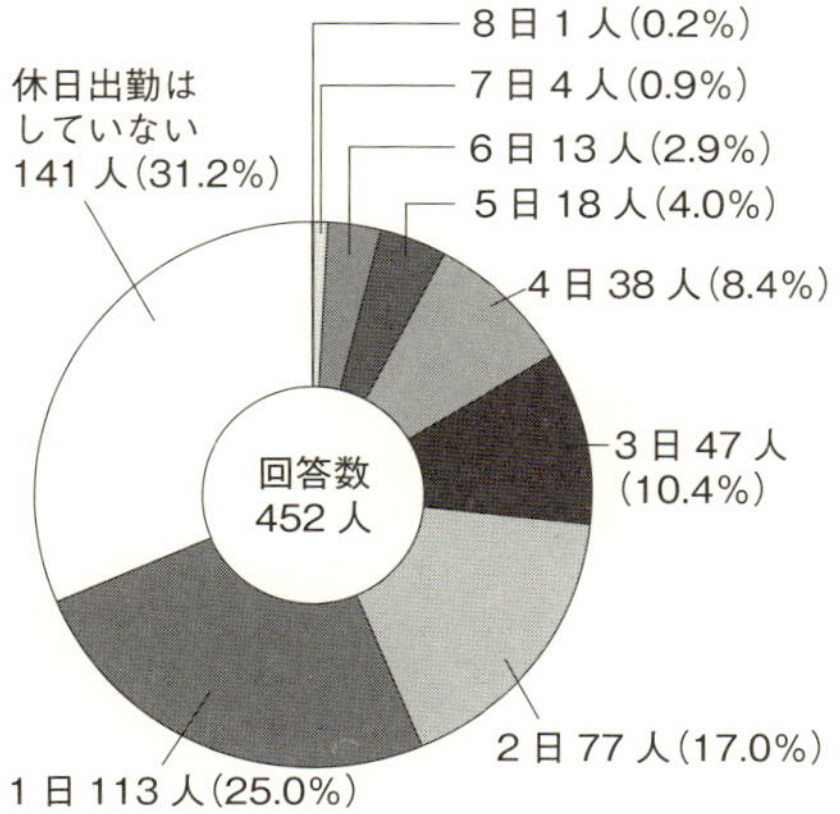

〔「小学校教師の意識についてのアンケート」
2014 年　日本標準教育研究所〕

ンケートで実施しました。その結果、「授業準備の時間」を尋ねたところ、「十分とはいえないが、前日には準備を終えるようにしている」「必要な単元については、しっかり準備をしている」を合わせると、六七％になりました。七割近くの教師が教材研究の時間をなんとか確保しようと努力していることが伝わってきました。それと同時に、十分な時間が取れていない実態も見えてきたのです。十分な教材研究の時間を確保することを抜きにして、子どもの学力が向上することはあり得ません。

自己研修の時間として、教材研究の時間を週時程の中に組み込むなどして、公的に時間を保証していくことは、可能な取り組みでしょう。また、そのような取り組みを通して、お互いが成長し合っていく職場にしていくことが、教師の成長にとっては不可欠なのです。

今、求められる、マネジメントの視点

二〇一四年十一月二〇日に、中央教育審議会に対する「初等中等教育における教育課程の基準等の在り方について」という文部科学大臣の諮問が公表されました。そこには、「小学校中学年からの外国語活動」、「アクティブ・ラーニングの在り方」、「カリキュラム・マネジメントの普及」などが盛り込まれました。この中の「カリキュラム・マネジメント」に対して、すでにいくつかの都道府県教育委員会や政令指定都市教育委員会などが取り組みをはじめています。

では、「カリキュラム・マネジメント」とは何のことでしょうか。経営学の大家として有名なドラッカーは「マネジメント」の役割として、次の三つの項目をあげています。

① 自らの組織に特有の使命を果たす。
② 仕事を通じて働く人たちを生かす。
③ 自らが社会に与える影響を処理するとともに、社会の問題について貢献する。

（『マネジメント【エッセンシャル版】』Ｐ・Ｆ・ドラッカー　上田惇生訳　ダイヤモンド社　二〇〇一年　九ページより）

この「役割」は、学校経営や学級経営、授業づくりを進める上で欠かせない、非常に大事な視点です。「教育という仕事に特有の使命」ということを考えたときに、それは「子どもへの確かな学力保証」、「学びを生活とつなげ、学びへの喜びを取り戻す」、「家庭的な困難さを抱えている児童の把握とフォロー」など、様々だと考えられます。仕事を通じて、一人ひとりの教職員にやりがいをもたせ、もち味を生かしていくことも大事です。また、「社会の中で学校がどのような役割を担ってきたのか、これから担っていくのか」という視点も必要です。

このような視点を踏まえた上で学校教育目標を設定し、その教育目標に向けて、カリキュラムを編成・実施・評価し、改善を図っていくことが、「カリキュラム・マネジメント」なのです。

現在、子どもたちの問題は複雑化していますし、学校教育を取り巻く社会も激変しています。そして、学校に対する期待度も、ますます高まっていくに違いありません。

しかし、期待が高まる中で、現場の教職員にとって、多忙は深刻な問題となっています。そのため、そうした様々な問題に対処できないし、対処する時間がないのです。

これからの学校教育が役割を果たすためには、教師の多忙化を解消し、多忙感を減少させながら、「教科・教材を、マネジメントの視点から幅広くとらえて創造的に展開すること」、「教科と教科のつながりを考えていくこと」、「一つの教科でつけた力を他教科にどのように転化するか」、「一人ひとりを大事にするための教職員の共通意識の形成」などの取り組みを、学校全体で有機的に取り組んでいくことが求められるようになります。一人ひとりの先生が、充実感をもって授業に取り組めるようにし、意欲とやり甲斐がもてる職場にすること。どの子どもたちも分かる、ていねいでそれでいて質の高い授業を展開できるようにすること。そうした問題を解決していくのが、「カリキュラム・マネジメント」なのです。

このブックレットは、先生方の多忙感を解消し、教師生活を充実したものにして欲しいとの願いを込めて作りました。できるだけ具体的な授業例をあげながら、「カリキュラム・マネジメント」の考え方をもとに、さまざまな問題に対応していくことができるようにしました。いつも手の届く所において、参考にして欲しいと思います。きっと力になるはずです。

●マネジメントの視点●

① 組織の使命　教科・教材を幅広くとらえて、子どもの創造的な学習活動を展開する授業をつくる。

② 人を生かす　教職員が意欲とやり甲斐をもち、充実感をもって授業に取り組める職場をつくる。

③ 社会への貢献　社会の変化や子どもの抱える問題をとらえ、学校教育に求められる役割を果たす。

第一章　学級づくりと授業づくりの双方向関係を創り出す

―学級づくりをマネジメントの視点から見てみよう―

学級づくりや授業づくりをしていく上で、子ども、同僚、保護者、地域の人々等との関係づくりが不可欠なものとなっています。そうしたコミュニケーション能力を身につけることが、今の教師に求められていると同時に、大きな課題となっています。

1　保護者とのコミュニケーションを図るために

子どもの姿をきちんと見据え、分析をすることから

保護者とのコミュニケーションが、非常に難しくなっています。そうしたことについても、マネジメントの視点が必要です。全体をとらえ、どのようにアプローチしていくかを考えていくということです。

若手教師の研究会に参加している教師四年目の吉川先生（仮名）が、次ページのようなレポートを書いてきました。文中のよしおくん（仮名）が、家庭的に何らかの問題を抱えていることは明らかでした。反抗的な態度をとってしまい、素直になれない原因はいったい何なのでしょうか。

【吉川先生のレポート】

「素直になれない子」（3年生）　吉川　さつき

先日、休み時間から帰ってきた女の子がこう訴えてきた。「よしおくんがふざけてみんなと逆の方から跳んできました」よしおくんと他二人の男の子が、昼休みにみんなで八の字跳びを練習していると、途中からふざけて反対方向から跳び始めたという。（中略）

私がクラスのみんなにどう思ったかを聞いた。「せっかく練習をしているのだからちょっと嫌な気分になった」というのが、クラスの大半の意見だった。

それを聞いて、よしおくん以外の二人は、「ちゃんと跳べばよかった」と素直に反省した。しかし、よしおくんは断固として自分が悪いとは言わなかった。その反抗的な態度に私も納得がいかず、よしおくんを廊下に出して、話をした。しかし、かたくなに自分の非を認めようとはせず、最終的には「じゃあ明日から学校は来ない」とだだをこねた。その日は、「先生はよしおくんの態度はよくなかったと思う」ということを伝えて、話を終えた。

次の日、今度は休み時間に教室の中で、よしおくんと他の友達がボールで遊んでいた。私は「そこの三人は、明日の博物館見学には連れて行きません！」と叱った。三人を呼び、何か言うことはないのかと聞いた。（中略）

いつまでもだまっている三人に、私は「明日行きたいでしょ。ちゃんとごめんなさい。明日行かせてくださいってあやまればいいんだよ」と言った。よしおくん以外の二人はだんだん表情が和らいで、素直に謝った。

しかし、よしおくんは「明日は学校を休むからいい。博物館には行かないからいいもん」と言って、へそを曲げた。私は内心困ってしまった。このまま帰すわけにはいかない。なんとか謝ってもらいたいと思った。

給食が終わり、連絡帳を書き終わった。すると、よしおくんは連絡帳に「明日は休み」と書いていた。頭ごなしに怒ってももう通用しないと思った私は、よしおくんを後ろからぐっと抱え、脇をくすぐった。

「ごめんなさいは～？　明日行くって言わないとやめないよ～」

すると、よしおくんはケラケラと笑いながら、「ごめんなさい」と小さな声で言った。

本当は悪いと思っているし、博物館にだって行きたいに決まっている。しかし、素直になれずきちんと謝ることができなかったよしおくん。今日はなんとか謝ったけれど、そうやって意地を張ってしまうのはどうしてだろう。

彼は私に何を訴えているのかな。

「何だか分からない」と悩んでいる吉川先生に、レポートと報告された話の内容から、次のような分析をしました。

・よしおくんの姉は反抗期に差し掛かり、親に反発する姿をよしおくんが見ている。
・兄は大人しく、いい子になっている。
・よしおくんは姉や兄と比べられて、なかなかほめてもらえない。
・母はしっかりしていて、厳しい。
・父は強く、甘えられる存在ではない。手を出すこともあるのではないか。
・このままだと、よしおくんは高学年になると荒れる危険があるのではないか。

これらのことから、母親がよしおくんにとって甘えられる存在になってもらう必要があると判断しました。そして、「母親は賢い人なので、頭ごなしに否定するような言い方はせずに、やんわりとお願いをするように話をすることが大事」というアドバイスをしたのです。

親が変われば子どもも変わる

私のアドバイスをもとに、吉川先生が母親に電話をしました。そのときの様子のレポートは、次ページのようなものでした。

吉川先生は、分析した結果とアドバイスをうまく使いながら、親とつながることができていきました。私たち教師は、子どもが問題行動を起こすと、「すぐになんとかしなくては……」と思いがちです。教師は万能ではありません。できることとできないことがあるのです。時には、親

【吉川先生のレポート】

よしおくんがトラブルを起こし続けたあとで、その様子を電話でお母さんに伝えた。事実を話し、

「よしおくんは勉強もよくできるし、みんなのリーダー的存在である。よしおくんのがんばりを認めてあげ、お母さんからほめてあげてほしい」

というようなことを伝えた。

お母さんも

「少し姉たちと比べてしまっていたかもしれません」

と話してくださった。

そして、増田先生からいただいたアドバイスの「姉が反抗的な態度」というのも当たりであり、アドバイス通り母親のプライドを傷つけぬよう

「お母さんが頼りなんですよ。よしおくんはお母さんにしか甘えられないんですよ」

とお母さんに伝えた。

すると、よしおくんの反抗的な態度も目立たなくなり、前向きによきリーダーとしてがんばれるようになった。そして、三学期最後の懇談会では、よしおくんのお母さんがこんな話をしてくれた。

「このクラスは先生が明るいので、とても明るくて、楽しいクラスでした。ありがとうございます。親が変われば子どもも変わるということがよく分かりました」

とクラスの前でお話をしてくださった。よしおくんのお母さんは、四月当初に連絡帳に疑問をぶつけてきたことがあったが、こちらが真摯に対応をして話をしたら、納得をしてくださった方だった。しかし、なんとなく高圧的なところがあり、気を遣ってきた。そのよしおくんのお母さんから、このような温かい言葉をいただけてとても胸がいっぱいになった。

子どもの背景をしっかり分析し、親を変えていく。今まで分かってはいても、保護者に変わってもらうようなことは自分からは言えなかった。しかし、子どもを救うために、時として親を変える必要がある。そして、それはもしかしたら親も悩んでいたり、気づいていないことかもしれない。

教師の新しい仕事を知った気がした。親子の関係を修復することも教師の大事な仕事の一つなのだと。

の力を借りることだって必要なのです。

では、親の力を借りるようにしていくための大事な視点は、どのようなものなのでしょうか。

①　子どもを非難しない

②　詰問口調にしない

③　批判をしない

④　相手の言葉を返す

⑤　よいところを伝える

⑥　親の思いを語らせる

⑦　親の意識を子どもに向けさせる

⑧　共に取り組む

---

*頭から子どもを非難してはいけない。

*問題行動を伝えるときも詰問口調にせず、「こんなことがありましたが、お母さん（お父さん）としてはどう思いますか?」と聞くようにする。

*親から子どもの問題行動についてのコメントが必ず出てくるので、それに対して批判的なことは一切言わない。

*「お母さん（お父さん）も、そう思っていらっしゃるんですね」と、ミラーリング（相手の言葉を返すというカウンセリング技術）を使う。

*「でも、私は何の理由もなく、こうしたことをしているとは思えないんです」と言いながら、子どものよい点をたくさん伝える。

*「私も子どもにきつく当たったり、兄弟と比較してしまうことがあるかもしれません」と、親自身から思いを語ってもらう。

*「そうなのですね」と受け止め、「Aちゃんは、お母さん（お父さん）が大好きなのです。だから認められたくて仕方がないのです。Aちゃんをほめてあげてくれませんか。Aちゃんにとっては、甘えられる一番の存在は、お母さん（お父さん）なのです」と、親の意識を子どもに向けさせる。

*「私もAちゃんが、大好きです。一緒に力を合わせて、Aちゃん

を成長させていきませんか？」と誘い、学校側で取り組むことと家庭で取り組んでもらうことを具体的に決めていく。

問題行動を起こす子どもの親は、学校の先生から電話が来たり訪問されたりするだけで、「また何か文句を言われるんじゃないか！」と身構えることが多いのです。なにしろ、ずっとそうやって他の先生や近所の人に批判され続けてきたのですから……。

「困った子どもは困っている子ども」であり、それと同様に、「困った親は困っている親」なのです。共に、行動や考え方をどのように変えていったらよいかが分からないでいるのです。そこで、教師がちょっとしたひと押しで行動や考え方を変えていくきっかけを作ってあげるということが、とても大事な視点になっているのです。

●マネジメントの視点●

①子どもの言動や家庭環境から、子どもの状態を分析する。
②子どもを変えていくための具体的な手立てを考える。
③保護者に寄り添い、子どもを変えていくための手立てを一緒に考えることで、協力関係を築く。

2　児童とのコミュニケーションを図るために

子どもの中の光っている部分を見つけ出す

新任教師として初めて教壇に立った山口先生（仮名）が、五月に書いてきたレポートです。

たけしくん（仮名）との出会い　　　　　山口　理恵

学級開きから早一ヶ月。早速学級では色々な事件が起こっている。特に私の頭を悩ませるのが、暴力を振るい、なかなか席についてくれないたけしくんのことだ。たけしくんは一年生の時から落ち着きのない子だったという。学級開きをして二、三日の間はわりとおとなしくして、時には甘えて私の隣で給食を食べると言ったり、膝に乗ってきたりした。

ところが、そのうち授業が始まると、自分だけ注目を集めたいのか、窓の外に身を乗り出したり、非常階段から出てしまったりしはじめた。たけしくんは私が追いかけてくるのを楽しんでいるようであった。だんだんとそのような行為はエスカレートしていき、特別教室の掲示物を破ったり、授業に出ずに廊下をふらついたり、他の友だちに水をかけたりするようになってきた。私はどうやって彼を叱ったらいいのか、授業を止めてどこまで彼を追えばいいのか分からなかった。隣のクラスの先生や教頭先生にも彼を叱ってもらい、私の授業以外ではなんとか席につくようになった。しかし、私なら何をしても大丈夫という意識が、たけしくんのなかに芽生えてしまったのだろう。「うるせーばばあ」と悪態をつき、私に向かってなぐったり蹴ったりするようになった。

四月の終わり、事故が起こってしまった。たけしくんが授業に出ずに廊下に水を撒き散らして遊んでいた。その次の休み時間に同じクラスの子どもが廊下で転び、頭を打って救急車を呼ぶという事故が起きてしまった。怪我は大事には至らず、保護者の方も本人が走ったのがいけなかったと言ってくださり、大きな問題にならずに済んだ。たけしくんが直接起こした事故ではないとはいえ、今後このようにたけしくんが落ち着かないことで、事故が起こったり、授業妨害をするようであったら困る。私はどうしたらいいか分からなかった。

この記録を読むと、子どもの悪い面ばかりが目につきます。子どもの問題行動を、「悪い」と決めつけるのは簡単です。しかし、大切な視点は、子どもの問題行動の中から、「光る部分を見つけ、それを引き出し、仲間で共有していくこと」なのです。

そこで、レポートについて、私は次のような話をしました。

「たけしくんは、たくさんの問題行動を起こしているよね。そうした問題行動の中に埋もれて見えないかもしれないけど、たけしくんの行動をよく読むと、光っている行為があるんだよ。どんな点だか分かるかな？　山口さんに聞きたいんだけど、たけしくんの好きな教科は何？」

「体育と図工です」

「やっぱり、図工が好きなんだね。特別教室の掲示物を破くとは書いてあるけど、友だちの作品を破くとは書いてないよね。だからたけしくんは、友だちの作品を破かないと予想したんだけど、どうかな？　そこが、このたけしくんの光っているところだと思うけど」

「そういえば、破きません」

こうした会話のあと、私は次のようにまとめました。

「つまりたけしくんは、たくさんの問題行動を起こしているけど、その中で他人の絵などは破かないというルールだけは守っているんだよ。

僕たちは、どうしても子どもの問題行動に目がいきがちになるし、それは当然だと思うよ。でも、問題行動を起こす子であっても、たいてい何かしらの自分のルールや自分のこだわりをもって荒れていることが多いんだ。

子どもたちのよい行為から光っている部分を見つけ出すことは簡単だけど、僕たち教師は問題行動に見えるものの中からも、その子の光っている部分を見つけ出す力が必要だし、そういうふうに子どもを見ることが大切なんだよ」

具体的な手立てを考える

そうはいっても、子どもの問題行動から光っている部分を見つけるのは、そう簡単なことではありませんし、それが分かったからといってなんとかなるものでもありません。そこで私は、具体的な手立てをかんでふくめるように教えました。

「でも、そう見たからといって、なんとかなるというものではないよね。その見方を、子どもを具体的に変えていく手立てにつなげていかないといけないよね。だから、たけしくんに『先生はね、たけしくんのえらいなと思うところがある。それはね、他の子の作品を絶対破ったり壊したりしないところなんだ。どうして他の子の作品を破ったり壊したりしないの？』って聞くんだよ。そしたら、きっと答えてくれるはずだよ。『僕は、図工が大好きだから、もし自分の作品が他の人に壊されたらイヤだもん。だから、他の人の作品には手を出さないんだ』ってね。そこで山口さんは、『その気持ちを、作文に書いてみて欲しいな』って言うといいよ。そして、その作文を学級通信に書いてみんなに読んでもらうんだよ。それだけで、たけしくんは変わっていくはずだよ。もちろん、親の許可を得てからだけどね」

この説明に対して山口先生は、「そうですね。分かりました。やってみます」と、イキイキとした表情で答えました。

山口先生は、新任が終わる最後の三月に、次のような詩を書いてきました。

たけしくんとの日々

山口　理恵

「なんでちゃんとやらないの！」

「うるせーばばあ」

そんなことばのやり取りをくりかえした日々。

蹴られたり、かみつかれたりして
毎日たたかっていた日々。

「この子がクラスにいなかったらな……」

と思ってしまったこともある。

「なんで私にこの子をもたせたの？」

とまわりを恨んだこともある。

自信を失いそうにもなった。

「きっとたけしくんにもいい部分がたくさんある」

「ここで私があきらめてしまったら傷つくだろうな」

そう思うことでなんとか毎日気持ちを立て直してきた。

しかしそんな思いとはうらはらに
行動はなかなかうまくいかなかった。

少しのことで注意をしてしまう。

つい目で追ってしまう。

お互いにいらいらするだけで
反省と落胆をくりかえした。

でも「やだ」とか「うるせー」としか言わなかった
たけしくんの口から
少しずつ自分の思いや状況を聞けるようになった。

配っても一度も答えを書かなかった漢字テスト。

配るのをやめようかと何度も思った。

でも最近初めて答えを書き、10点をとった。

私とたけしくんにとっての大きな変化だった。

だんだんとたけしくんの思いやサインを
受け取れるようになってきて
いつの間にか私はたけしくんが大好きになっていた。


問題行動を起こす子どものレポートを書くと、悪いことばかりの羅列になってしまいがちです。しかし、その中から子どもの光っている部分を見つけ出し、それに対しての具体的な手立てを考えることで、前向きになることができるのです。山口先生の最後の詩は、本当に心温まるものだと思うのです。若い先生だからこそ、こうした子どもの見方を身につけて欲しいと思います。

●マネジメントの視点●

① 子どもの問題行動の中から、子どもなりのルール（光っている部分）を見つける。
② 子どもと話し合いをしながら、光っている部分を認め、引き出していく。
③ 子どもの光っている部分を、学級全体で共有していく。

3　授業づくりと学級づくりをつなげるために

「荒れた」クラスで授業を途中であきらめた荒川先生

今、子どもたちが荒れていたり、学級崩壊をするクラスが多くなっています。いや、どの学級も崩壊してもおかしくない状況になっているように思うのです。そうしたときに、教師は「なんとかしよう！」と強権的な手段に出ることがあります。しかし、子どもたちは、「自分の思いを聴いてもらえていない」と思っているのですから、強権的な方法は逆効果にしかなりません。授業も成立せず、なかばやけになってしまう。そうしたことが多いのです。そんなときのヒントになる実践を紹介します。

五年生の担任をしている荒川先生（仮名）のクラスには、特別支援が必要な子どもが三人、すぐに友だちに手を出してしまう子が二人、人の話を聞こうとしない子が三人、虐待を受けていると思われる子が一人、家庭の困難さを抱えている子が三人といった具合でした。そのため、クラスの授業はなかなかうまくいきません。正直、学級崩壊に近い状況でした。

荒川先生は、若手教師の研究会のレポートに、その悩みを切々と書いてきました。

子どもたちを変える授業の工夫

この授業が行われた日の夜に、研究会がありました。荒川先生は、

【荒川先生のレポート】

「わはははは。私の耳は貝だって〜。ビヨ〜ン。（手を耳にあてながら）」
「なみだが海なんだって〜。すげ〜」
「魚いるの？」

三学期最初の国語の時間。残り時間が少なかったので、とりあえず音読の宿題ができるようにと、教科書に載っていた詩を読んだ。「詩の楽しみ方をみつけよう」という単元で、「紙凧」「ケムシ」「耳」「一ばんみじかい抒情詩」「光」「土」の六つの詩が書いてある。最初の「紙凧」という詩はよかったが、それ以降次々と笑いが起こった。

「比喩だよ」
「たとえてるんだよ」
「何それ」

とにかくゲラゲラ笑う男の子たち。つられて笑う女の子たち。そして真面目に伝えようとする数名。

「次の時間にちゃんと教えてあげるからね」

そういって授業を終わりにした。今までに比喩の詩を扱ったことはあったが、笑いが起こったのは初めてだった。教科書が新しくなり、私が初めて扱う詩もたくさん入っていたので、どう教えようかと考えながら迎えた初日だったが、例え授業時間が十分にあったとしても、私はここで授業をきっていたと思う。

（この子達にどう教えよう……）

「授業がうまくいかないことがくやしくて。なんとかこの教材でリベンジしたいんです。どうし

たらいいですか？」

と言って、教科書のコピーを私に手渡しました。じっくりと教科書の六つの詩を読みながら、どのようにしたら授業が成り立つのかを考えました。まず私は、

「順番そのままやったでしょ」

と聞いてみました。すると、

「そうです。読む順番なんて考えもしませんでした。教科書に出てきた順番でやっていきました」

と答えました。そこで私は、

「こうした授業がなかなか成立しない状況のときには、普通に授業をやってもだめなんだよ。どの詩から始めたら、子どもたちが授業に集中したと思う？　あるいは、どの詩をどのように使ったら、子どもたちが授業に参加してくれたと思う？」

と尋ねてみました。さらに、

「この『一ばんみじかい抒情詩』を使うといいんだよ。この詩では、なみだが海というイメージにつながっていくわけだけど、その二つのイメージをつなげるのは、なかなか大変なんだよ。だから、ワンクッション置くといいんだよ」

と言いながら、丁寧に授業の進め方を教えていきました。

「一ばんみじかい抒情詩」
寺山　修司
なみだは
にんげんのつくることのできる
一ばん小さな
海です
（教科書『国語　五　銀河』光村図書
二〇一一年　一六四ページより）

①最後の「海です」のところを、「水たまりです」と変えて提示する。
②題名から「一ばん小さな」までの四行は、模造紙一枚に書いておく。
③最後の一行は、別に模造紙で書いて磁石で貼れるようにする。つまり、「水たまりです」と「海です」の二枚用意する。
④「水たまり」を提示したときに、子どもたちは「アレ?」と思って「おかしいよ!」「ちがうじゃん!」と色々言ってくるから、「おかしくないよ」と言って、水たまりから考えられるイメージを言わせていくようにする。
⑤「水たまり」だと、「きたない」「小さい」「すごく浅い」などと出てくるはず。
⑥それと比較させるように、「海です」と入れ替えて、海のイメージを考えさせる。
⑦「きれい」「青い」「魚がいる」「広い」「深い」「大きい」などと出てくるはず。
⑧出てきた海のイメージの中で、「なみだ」とつながるものを考えさせる。
⑨その後、海となみだをつなげてイメージを広げていくようにする。

この授業のあと、荒川先生が書いてくれた記録を紹介します。

【荒川先生の授業記録】

前回「海」のところで笑いが起こっていたので、今回は音読はせず、黒板に

なみだは
にんげんのつくることのできる
一ばん小さな
水たまりです

と貼ってだまっていた。すると子どもたちは、「あれ?」「そこ、海じゃなかったけ?」と言ってきた。そこで、「え、これじゃだめかなぁ。たくさん泣いたら、水溜りができると思うんだけど……」「でもやっぱり、海の方がいいよ」（みんなうなずく）「そうかぁ、みんなは海の方がいいと思うんだね。それじゃ、作者にも、きっと『海』にしたわけがあるよね。その理由を今日は考えていこう」

そこでまず、子どもたちの「海」のイメージをたくさん出させた。

・広い（大きい）　・生き物がいる
・しょっぱい　・砂浜がある
・泳げる　・青い　・深い

次に、この中で、「涙とつながりそうなもの」を聞いてみた。皆異論なく「しょっぱい（しおからい）」は選んだが、消去法で「広い（大きい）」「深い」の二つが残った。

この二つについて話し合っていくと、つながるということでまとまった。

「しょっぱい」はとてもかなしい、とてもくやしいことを表す。「広い」は、広場という言葉があるように、たくさんのものがあるということだ。そして、「深い」は、くやしい、悲しいなどの感情が深く、たとえようのないほど、と考えることができる。

そこで、改めて本当の詩を見てみた。「海です」の一文を見ながら、子どもたちは静かに考えている様子だ。「海」という言葉にいろいろな想いがこめられていることを理解したのだろう。

「人間が涙にこめた想いが、『海』という言葉につまっているんだね」とこの詩を締めくくった。子どもたちは次のような感想を書いた。「なみだと海の共通点はしょっぱいぐらいだと思っていたのに、こんなにあるとは思いませんでした。いろいろな意味が比喩にはあるんだなと思いました」「最初はへんなこといってると思ったけど、ちゃんと意味があることが分かった。どの詩も深い意味があって、今日は全体的にしみじみできた」「この詩を好きな理由は、『海』の一言には深い意味がこめられているからです」「最初そんなにいっぱい大泣きしたのかなと思いましたが、今は『海』には人間の思いのすべて、そして人生がこめられているんだと思います」「私はこ

の詩をはじめて読んだとき、この短い文の中に、どうしてこんなにも大きな意味をもったことを表せるのだろうか、と思いました。ですが、意味を一つひとつ考えると、海という言葉に作者の気持ちが入っていたのでびっくりしました」

どの子どもの感想にも、昨日とのはっきりとした変化が見られた。私も、驚きと共に喜びを感じたが、読み取りの変化に驚いたのは、何よりも子どもたち自身だったように思う。最初大笑いしていただけに、この変化はあまりに大きかった。

この取り組みから改めて感じたことは、まずは教師自身の教材のしっかりとした深い解釈が必要であるということだ。そして取り上げる詩の順番を考えたり、「海」を「水たまり」に変えたりするなど、子どもたちに分かりやすく提示することでも、授業への入り方が全然違う。

そして、どんなクラスの実態があったとしても、子どもたちの心に入る授業をすれば、引き込むことができるということを感じた。この出来事が、二学期生徒指導について考えることの多かった私にとって、一筋の光となった。

「私的ないちゃもん」を「公的ないちゃもん」に

子どもが「思いを聴いてもらえていない」と思っていたり、教え込むだけの授業をしていたりすると、子どもの不満が高まり、授業が成立しなくなったり、学級崩壊につながる可能性があります。そのような状況になると、子どもたちは授業の中で「いちゃもん」をつけたくて仕方がなくなります。何かしら文句を言って、授業の邪魔をするのです。いわば、「私的ないちゃもん」です。

授業というのは工夫しだいで、子どもたちを大きく変えていく可能性を秘めています。荒れたクラスであったとしても、大変な子どもたちを授業にいかに引き入れるかを考えることが大切なのです。「私的ないちゃもん」を「水たまりです」という言葉を使うことによって、「おかしいよ！」

「間違っているんじゃない」などという「公的ないちゃもん」に位置付けてあげることが、授業の邪魔をする子どもたちを引き入れる大きなポイントなのです。そうして授業の中に引き入れていきながら、「水たまりじゃいけないの？」とわざと開き直り、「水たまりだとどんなイメージ？」と問いかけることで授業にのめり込ませていくことができるのです。

普通、授業の指導案などに「児童の実態」が書かれています。今、その実態に合った授業が本当の意味でおこなわれているかを考える必要があるのです。「授業づくり」と「学級づくり」は、車の両輪といわれています。子どもの実態を考えながら、「いちゃもん」に対するアプローチを考え、学習課題に向かわせていく。これは、「授業づくり」と「学級づくり」の両方を視野に入れた「学級マネジメント」といってよいのではないでしょうか。

●マネジメントの視点●

①「自分の思いを聴いてもらえていない」という子どもの思いや状況をとらえる。
②発問のしかたや順番などを吟味し、子どもを授業に引き入れるための手立てを考える。
③子どもの実態にあわせて学習課題に向かうアプローチを考え、学級づくりにもつなげる。

第二章　豊かな授業づくりのために

―授業づくりをマネジメントの視点から見てみよう―

1　教材研究と授業研究はちがう

現場では、「教材研究」と「授業研究」は、同じもののようにとらえられていますが、それは、区別しなくてはいけません。一言でいうなら、「教材研究」とは、その教材に関連する本や資料を読んだり、教師の全ての力を出し切って教材を読み取っていくことをいいます。それは、とても気が遠くなるような作業です。今もっている全ての知識を総動員して、教材のもっている本質に迫ることが要求される作業なのです。また、作品は作者から独立して存在しているということをいう方もいますが、決してそんなことはありません。

例えば、小学校二年生の教材で『スイミー』（レオ＝レオニ作　谷川俊太郎訳）という有名な物語があります。この作品を書いたレオ＝レオニは、オランダのアムステルダムで生まれています。裕福なユダヤ人の家庭で育ちましたが、イタリアのファシスト政権誕生によって公布された「人種差別法」により、アメリカ合衆国に亡命します。そうした経験が、「人を差別することへの理不尽さ」への思いとなっていきます。そうした生い立ちを考えてレオ＝レオニの作品を読むと、人種、宗教、社会的立場にかかわらず平等であるという強い信念を感じ取ることができます。そして、『スイミー』という作品が、ただ単に「協力」や「共同」といった価値観だけでなく、「人種差別撤廃」につながる作品だとも読み取ることができるのです。

『スイミー』の最後に、赤い魚たちが一匹の大きな魚のようになって泳ぎ、スイミーが「ぼくが、目になろう」と言う場面があります。それは、まさに自分の存在価値を見つけた瞬間だったのです。赤い魚たちの中に一匹だけ真っ黒だったスイミーは、「どうして、ぼくだけ黒いのだろう?」とずっと思い続けていましたが、「そうだったんだ。ぼくは黒くてよいし、黒いからこそ目のかわりになることができるんだ」と自分への肯定感をもつことができたと読み取ることができるのではないでしょうか。つまり、『スイミー』という作品は、自己肯定感を取り戻していく物語、あるいは、「人種差別撤廃」の物語として読むことができるのです。

こうした作者のことや作品の生まれた背景、一つひとつの言葉の意味などを含めて教材を深く読み取っていく作業が「教材研究」なのです。

しかしながら、「人種差別撤廃」を二年生の子どもに教えようとしても、それはなかなかできないことだと思います。ただ、「協力」や「共同」と同時に、自己肯定感を取り戻す物語としてなら教えることができそうです。そうしたことを考え、子どもの実態を踏まえて、どのような発問をしていくのか、どのような反応があるのかなどを考えて、授業の全体図を構成していくのが「授業研究」なのです。

2　子どもの学びを深める授業マネジメント〈国語〉

(1)「お手紙」という教材を通して、子どもの考えを引き出す授業を考える

「お手紙」における教材研究とは

「お手紙」は、「ふたりは◯◯」シリーズの第Ⅰ巻『ふたりはともだち』（アーノルド＝ローベル作　三木卓訳）の五話目の物語です。一話目が「はるが きた」、二話目が「おはなし」、三話目が「なくした ボタン」、四話目が「すいえい」、五話目が「おてがみ」（教科書では漢字で表記されていますが、原作本ではひらがな表記となっています。）となっています。

作品を順番に読んでいくと、作者のアーノルド＝ローベルが、かえるくんを絶対的な善として描いていないことが分かります。カレンダーを五月までめくったりする知恵者であり、それでいてがまくんの水着姿を遠慮なく笑うようなちょっと嫌な面ももっているのです。

「お手紙」だけを読むと、かえるくんのよさが非

『ふたりはともだち』作品のあらまし

一話目　はるが きた　四月になったのになかなか起きないがまくん。「五月になったら起こしてくれよ」と言われたかえるくんが、カレンダーを五月までめくることでがまくんを起こすという物語です。

二話目　おはなし　調子の悪いかえるくんを自分のベッドで休ませたがまくんに対して、かえるくんが「一つお話をして欲しい」と言います。話が思いつかないがまくんが、かえるくんのために七転八倒する様子が描かれています。

常に目立ちます。しかし、小ずるい面や嫌な面ももっているのがかえるくんなのです。また、調子の悪いかえるくんが、がまくんに面倒を見てもらう姿も描き出しているのです。そうした様々な面をもっていてよいし、それをお互いに理解した上で付き合っていくのが、「親友」だと伝えているのです。

子どもの体験を授業づくりに結びつける

授業というのは、「その時間をいかにうまく進めていくか」「どのようにして、分かりやすいようにしていくか」という考え方だけでは不十分です。授業というものを、もっと総合的なものとしてとらえていかないといけないのです。

例えば、私が低学年を担任したとき、一年生の五月に一人ひとり手書きしたはがきを書いて全員に送りました。文字を知らない子どもたちであっても、精一杯心に残るものにしようと考え、次のことをポイントにしました。

三話目　なくしたボタン

上着のボタンを一つなくしてしまったがまくんのために、かえるくんが一緒に、通って来た道を探して歩きます。様々なボタンを見つけますが、どれも違います。怒り始めたがまくんが走って家に帰ると、ドアを入った所に自分のボタンが落ちているのを見つけます。気まずくなったがまくんは、全部のボタンを自分の上着に縫い付けてかえるくんにプレゼントします。

四話目　すいえい

「水着を着るとおかしなかっこうになるけど、笑わないで欲しい」と言うがまくんに対して、かえるくんは他の動物たちを追い払おうとします。しかし、かえって興味津々となった動物たちが集まってしまいます。そして、冷えてきてがまんできなくなり、水から上がったがまくんの水着姿を見て、動物たちが笑います。そして、かえるくんまで「本当におかしなかっこうだね」と笑います。

① 印刷はせず、一人ひとり心を込めて手書きにしよう。
② はがきでしかできない内容にしよう。
③ 子どもの心をひきつける内容にしよう。
④ その子らしさを見抜き、書いていこう。
⑤ お話をするように書こう。

こうした観点から、「そっと　おしえてあげるね」という言葉で始まる詩を送ったのです。

このはがきは、どの子も、そして親たちもとても喜んでくれました。川畑くんのお母さんは、

「先日は、お忙しいのに、子どもへのお便り、ありがとうございました。妹（四歳）に『見せて』、と大さわぎされても『ダメ！　ないしょなんだから』と部屋のすみっこに行って、手でかくしながら読んでおりました。読み終えた後の顔を見ると、満足そうにニッコリ……。（後略）」

と書いてくれました。

川畑くんのお母さんからだけでなく、たくさんの子どもたちや親たちから返事が寄せられました。どの内容も、胸が熱

川畑和男くん（仮名）に
送った詩

かずお
そっと
おしえてあげるね。
せんせいはね
かずおが
たべちゃいたいぐらい
だいすきなんだよ。
みんなには
ないしょだよ。

くなるようでした。私のやったはがき実践は、たくさんの父母の目を、学校へ向けさせていく大きな力になりました。そして、この、言葉のもつ力の経験は、二年生で「お手紙」を読み取っていくときの大きな力にもなりました。

作品の中で、がまくんに手紙の内容を聞かれたかえるくんは、手紙の内容を話してしまいます。話してしまったあと、二人で幸せな時間を過ごします。そして、がまくんは内容が分かっているのにもかかわらず、手紙を受け取ったときにさらに喜びます。それは言葉で言われることよりも、文字で見ることの方が嬉しいからです。

このような読み取りをするときに、教師から手紙を受け取った喜びとつなげていくことができ、感性的な部分も含めて深く読み取ることとつながっていくのです。また、「お手紙」という教材が掲載されている本の中で、どのような意味合いや流れの中で使われているかを考えることも大切です。

こうしたことが、「授業マネジメント」という考え方なのです。

志賀靖子さん（仮名）に
送った詩

やす子
そっと
おしえてあげるね。
せんせいはね
やす子が
おはなししてくれるのが
とっても
うれしいんだよ。
もっとおはなしを
しようね。

子どもの考えを引き出す授業研究

「お手紙」という教材を、小学校の研究授業でやらせてもらい、授業全体のまとめとして次の十の問題を考え合う授業を実施しました。ここで紹介する十のキーセンテンスは、教材を深く読み取っていくための入り口になる問題です。このようなキーセンテンスを選ぶときに重要なことは、「子どもの『思考の揺れ』を作り出す」ということです。「思考の揺れ」とは、様々な角度から、子どもの多様な考え方が生まれるということです。このような、子どもの「思考の揺れ」を作り出すような問題を選び抜いていくことが、授業研究と言えるのです。

① がまくんが、お手紙をまっているときが「かなしいとき」と感じているのは、どうしてだろう?
② ゆうびんうけがからっぽであることに気づくのは、どうしてだろう?
③ 二人のかなしい気分は、同じだろうか?
④ かえるくんが大急ぎで家へかえってから「えんぴつと紙を見つけました」とありますが、ふつうは「えんぴつと紙をさがしました」です。「見つけました」と「さがしました」は、どうちがうのだろう?
⑤ かえるくんは、かたつむりが遅いことを知らなかったのだろうか?
⑥ 今まで手紙をまっていたのはがまくんなのに、まっているのがかえるくんに変わっているのはどうしてだろう?
⑦ なぜ、かえるくんは、手紙の内容をがまくんにしゃべってしまったのだろう?

⑧　まっている間に、二人はどんな会話をしたのだろう？　また、どんな様子だっただろう？
⑨　二人にとって、まっている四日間が幸せだったのは、どうしてだろう？
⑩　手紙をもらったときに、がまくんが喜んだのはなぜだろう？

この教材の一番のポイントは、「お手紙をまっているときがかなしい」というがまくんと一緒にかえるくんが玄関の前に「かなしい気分」で座っている場面です。

このときの、がまくんの気持ちは「手紙がもらえなくてかなしい」なのですが、かえるくんは違うのです。二六、二七ページで紹介したように、がまくんとかえるくんには、色々な出来事があったのです。それを乗り越えて一緒にいるのに、「がまくんが手紙をもらったことがないことをかなしがっている」ことに気がつかなかった自分自身に対して、かなしくなっていると読み取ることができます。

親友だったのに、がまくんの気持ちに気がつかなかった自分。「親友」とお互いに思っているのに、そのことを伝えなかった自分。そうしたこと全てが、かえるくんはかなしくなってしまったのです。だからこそ、すぐに大急ぎで「親友だよね」という手紙を書いたのではないでしょうか。

このように心の動きを叙述に沿って考えていくことが大切なのです。

一時間だけの研究授業でありながら、子どもたちはどの子もよく考えてくれました。⑦の「なぜ、かえるくんは手紙の内容をしゃべったのか？」については、子どもは次ページのように書いています。「つめたいがまくんでいてほしくなかった」という女の子の考え方は、「親友」ということの意味を深く考えた上での感想という意味で、素晴らしいと思うのです。

また、⑧の「まっている間の会話」については、子どもは下のように記述しています。

〈⑦の問題に対する子どもの回答〉

・どうしても手紙に書いたことを伝えたかった。いつものようなふつうのがまくんにもどってほしかった。つめたいがまくんでいてほしくなかった。
・がまくんが、もうお手紙をまつのをあきらめそうだったから。

〈⑧の問題に対する子どもの回答〉

・うれしそうなようす。ぼくは、がまくんの親友だ。
・かたつむりくん、まだかなー。ずっと親友だよ。

こうした子どもの記述をもとに、その場面をみんなで考え合いました。

そして、かえるくんとがまくんの間で、「ぼくたち、親友だよね」「そうだよね」「色々な出来事があったね」「ケンカしたこともあったけど、でもぼくたちは親友なんだよね」といった会話がなされたのではないか、その会話の合間に二人がニコッと笑い合っているのではないか、ということを読み取っていきました。だから、まっている四日間が、二人にとってたまらなく幸せな時間となっていくのです。そして、「親友である」という手紙を受け取り、さらにがまくんはうれしくなるのです。

これらの十の問題を考えていくうちに、子どもたちは深く文章に対面していくようになりました。そして授業後に、「頭をたくさん使いました」「かえるくんがなぜかたつむりくんにたのんだのかが、よく分かりました」「かたつむりくんも、がんばってくれてよかったと思います」「今日の勉強で、主人公などの気持ちが、すごく考えられるようになりました」「こんなに意味がある本を書いたアーノルド＝ローベルさんは、すごいと思いました」などという感想が出てきました。特に最後の感想には驚きました。これは、作品全体の素晴らしさや値打ちが分かったときに出てくる感想です。

子どもたちは、考えることが大好きです。難しい問題にも挑戦してやろうという気持ちが、たくさんあります。そうした子どもの思いに応え続けていく作業。それが、授業研究の本質なのです。

●マネジメントの視点●

① 筆者の思想や、作品が生まれた背景などまで踏み込んだ教材研究。
② 子どもが作品に書かれている情景や行動を、具体的にイメージできるような体験を準備する。
③ 子どもたちの「思考の揺れ」が起きるような発問や、授業の展開を考える。

(2)「ごんぎつね」という教材を通して、本質に迫る授業を考える

国際的な読解力を育てるための六つの改革

教育学者の有元秀文先生が、国立教育政策研究所の研究官時代に「国際的な読解力を育てるための六つの改革」と題してまとめられた内容があります。ここに示されていることは、ＰＩＳＡ型の読解力をつけていくための視点としてとても重要です。

国語の授業の中では、「主人公・○○の気持ちを考えましょう」という発問がよくなされます。「吹き出しプリント学習」もよく行われていると思います。次ページのプリントのように、場面の絵が描いてあって、登場人物に吹き出しがついているものです。

この学習の問題点は、ワークシートに向かい始めると、子どもたちは、教材文に立ち返ることをせずに、空想の世界に入って、さまざまなことを書き始めてしまうことです。しかし、これだけでは、有元先生の言われていることの④にあるように、「登場人物の心情や内容を主観的に憶測する読解」になってしまうのです。あくまでも書かれている言葉や文に着目して、それを根拠とした読解をしていかなくてはいけないということです。

国際的な読解力を育てるための六つの改革

①　教科書教材だけを精読する授業から、本・雑誌・インターネット・新聞など多様な文字資料を収集して活用する学習に転換する。

②　教師が主導する一斉授業から、子供が主導する協同学習に転換する。

③　教師と子どもの一問一答型の授業から、子ども同士が討論して課題を解決する学習へ転換する。

④　登場人物の心情や内容を主観的に憶測する読解の授業から、書かれていることを根拠にして「なぜそう書いたのか」を討論を通して推論し解釈する学習に転換する。

⑤　教材を無批判に受け入れて感動させる授業から、具体的な根拠を挙げて、文章が効果的かどうか評価したり批判したりする学習に転換する。

⑥　体験や感想だけをもとにして表現させる授業から、正確に読み取ったことを根拠にして表現させる授業に転換する。

（発表資料『PISA調査における日本の課題―なぜ日本の高校生の読解力は低いのか?―』有元秀文　東京大学大学院教育学研究科教育測定・カリキュラム開発講座　二〇〇六年　より）

叙述に沿って考える

「ごんぎつね」の例で考えてみたいと思います。

最初の部分に、「ふと見ると、川の中に人がいて、何かやっています。ごんは、見つからないように、そうっと草の深い所へ歩きよって、そこからじっとのぞいてみました。『兵十だな』と、ごんは思いました」と書かれています。村にはたくさんの人がいる中で、どうして、ごんはすぐに「兵十だな」と分かったのでしょうか。とても不思議なことですが、叙述をていねいに追っていくと分かってきます。

一番分かりやすいのは、十日ほどたったときの叙述です。弥助の家を通りかかり、「ふふん、村に何かあるんだな」「秋祭りかな」と考えます。そして、「こんなことを考えながらやって来ますと、いつの間にか、表に赤いいどのある兵十のうちの前へ来ました」とあります。あれこれ考えながら歩いていて、いつの間にか兵十の家についているのですから、何度も兵十の家へ行っており、もともと兵十のことを知っていたことが分かります。

また、作品の最後の方の場面では、次のように書かれています。

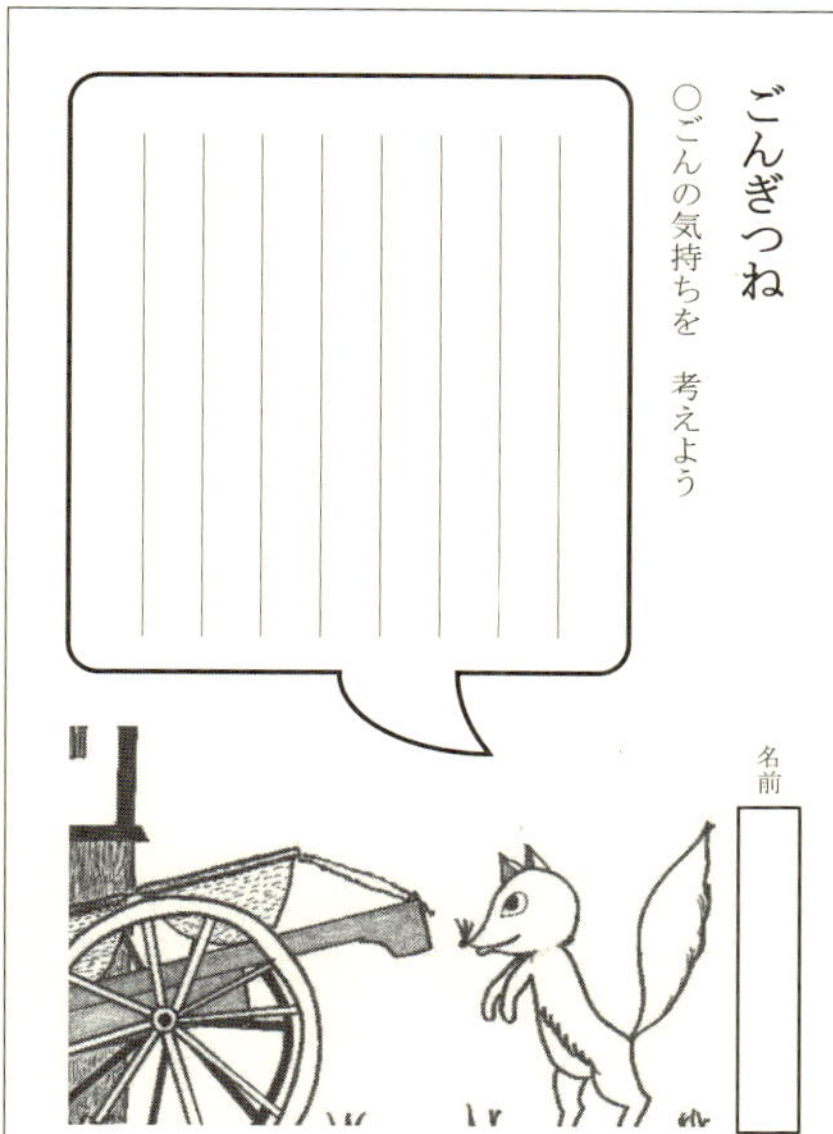

「その明くる日もごんは、くりをもって、兵十のうちへ出かけました。兵十は、物置でなわをなっていました。それで、ごんは、うちのうら口から、こっそり中へ入りました」

「物置」はふつう家の裏にあります。「ごんは、うちのうら口から、こっそり中へ入りました」ということは、物置にいる兵十からは見えることになります。実際、そのあとふと顔を上げた兵十は、ごんに気づいて立ち上がるわけです。では、なぜごんはわざわざ裏口から入っていったのでしょうか。

ごんがいろいろな山のものを届ける場面をていねいに追っていくと、理由が分かります。いろいろなものが届けられて不思議がっている兵十に、加助が「そりゃあ、神様のしわざだぞ」と言っているのをごんが聞きます。そして、「こいつはつまらないな」と思い、「神様にお礼をいうんじゃあ、おれは引き合わないなあ」と言っています。

つまり、ごんはいろいろなものを届けているのが自分だと分かってほしくて、兵十の目に入るように裏口から入っていったのです。こうした読みが、「書かれていることを根拠にした読解」になるのです。

他にも、ごんが兵十に鉄砲で撃たれる場面では、「うちの中を見ると、土間にくりが固めて置いてあるのが、目につきました」と書かれています。「固めて」とはどういう状態でしょうか。バラバラと置いてあるのではなく、山型になったくりのかたまりが想像できます。その置き方に、ごんの気持ちが表れているのではないでしょうか。あるいは「青いけむりが、まだつつ口から細く出ていました」と書かれていますが、「白いけむり」ではなく「青いけむり」というのは、どのような意味があるのでしょうか。

「ごんぎつね」は教材として大変優れた作品ですから、あげればきりがありませんが、このように、教師自身が、叙述に沿って言葉を大切にしてどこまで細かく読むことができるかが、本質に迫る授業をする上で欠かせない「教材研究」と言えるのです。

そして、低学年のうちから叙述に即して考えさせるということを、ていねいに積み上げていく必要があるのです。これこそが、「『なぜそう書いたのか』を討論をして推論し解釈する学習に転換」することなのです。

●マネジメントの視点●

① 言葉を大切にし、叙述に沿って細かく読み込んだ教材研究。
② 発問によって、文や言葉に着目させ、書かれていることを根拠に読解をすすめる授業研究。
③ 子どもの発言や討論を通して読解を深める授業研究。

3　生活体験から考える授業マネジメント〈社会〉

憲法の授業をマネジメントする

「憲法の授業をどう進めたらよいでしょうか?」と、教師三年目の豊川先生（仮名）が問いかけてきました。初めての六年生担任であることと、「憲法の授業」そのもののイメージがわかないことからの切羽詰まっての相談でした。

若手教師の研究会で「みんなだったら、どのように進めた?　あるいは、どのように進める?」と聞いてみました。すると、すでに憲法の授業を経験したことのある先生からは、「憲法のことを紙芝居のようにしてみました」「憲法の条文を読んで、解説しました」「憲法を自分の言葉に直させてみました」といった経験が出されました。

憲法の授業を経験したことのない先生からは、「やはり、憲法の条文の大切なところを説明したり、書き写したりすると思う」という意見や、「自分の小学校の担任の先生は、『あたらしい憲法のはなし』という本の中身を紹介してくれた」といった自分の経験が語られました。

結局どの意見も、「憲法の内容をどのように理解させるか」に終始しているように思えました。もちろん、このことは大切だし重要なことですが、子どもの興味や関心を引かないように思えました。そこで私は、テレビ番組でも紹介された「元気バス」の事例を教材として使うことを提案し、一時間の授業をすることになりました。

子どもの興味・関心を引き出して考えさせる

六年生ともなると、抽象的な思考ができる子どもと具体的な世界にとどまっている子どもがいるため、どの子も参加する社会の授業を展開することが大きなポイントになります。だからこそ、「元気バス」の事例を使って考えていくことで、どの子どもでも「憲法の学習」に入れるだろうと考えたのです。

子どもたちが特に驚いたのが、番組に出てくる高齢者たちの姿でした。この玉城町の高齢者たちは、巧みにスマートフォンを使いこなしているのです。八九歳のおじいちゃんなどは、「スマホなしでは生活できない」とさえ言っているのです。

玉城町の高齢者たちは、スマートフォンに役場が作った元気バスのアプリケーションをダウンロードし、自分の位置を知らせるＧＰＳ（人工衛星を利用した、位置情報計測システム。）機能を使って、自分の家に一番近い停留所（徒歩一～三分以内）に何時に迎えに来てもらうかを登録します。すると、それをもとに元気バスがどこで誰を乗せ、どこで降ろすかの経路を作成してくれるのです。

●元気バス

三重県玉城町では、一九九六年に民間路線バスの大幅縮小に伴い、一九九七年に二九人乗りのマイクロバス二台を購入しました。しかし、一便平均四、五人しか利用者がいないため、「からバス」「空気バス」と揶揄されていました。

その状況を打開しようと、オンデマンド交通を導入したのです。これは、予約制の乗り合いバスで、「病院に行きたい」という人と「コンビニに行きたい」という人がいたときに、スマートフォンやパソコンの画面で希望を伝えると、高齢者を「自宅近くから乗せて、病院に行ってからコンビニに行く」といったように乗客の希望に合わせて移動するバスのことです。

（二〇一二年一月三一日の「ガイアの夜明け」で放映された「スマートフォンの光と影」の中の「光」の部分で取り上げられた事例を参考にした）

その結果、足の悪い高齢者たちが元気に色々な場所に出かけるようになっていったのです。

憲法の何条と関係しているかを考える

「元気バス」を紹介したのち、「君たちの町と比較してどうだろうか」「こうしたことは、日本国憲法の何条に関係しているか」ということを聞いてきました。

すると、「僕のおじいちゃんも足が悪いから、こんなふうにバスがすぐに来てくれたらいいと思う」「高齢者に優しい町だと思う」といった感想や、「憲法第十一条の基本的人権に関係する」「第十三条の個人として尊重されるに関係する」などという発言が出てきたのです。このように、子どもたちは意見を出し合う中で、「元気バス」が、基本的人権に定められた自由に移動することを誰にでも平等に保障するしくみになっていることに気づいていったのです。

また、おもしろかったのは、

「バスを廃止して、高齢者たちが出かけたくても出かけられないという状況になるのは、基本的人権を失うと言えないのかな？」

と言った子どもがいたことです。私は、

「いいところに気がついたね。実は、二〇一二年の六月に国土交通省というところから、公共交通の衰退により、自ら運転できない高齢者や体の不自由な人たちなどが不便になることから、『移動権』の保障を含めた『交通基本法』（二〇一四年現在は「交通政策基本法」）の制定が発表されたんだよ。つまり、『移動権』という新しい権利が、個人のもっている権利であることが分かってきたんだよ」

とほめました。子どもは、大喜びでした。こうした新しい権利の動きを合わせて教えていくことも大切なのではないでしょうか。

憲法を未来に活かす

その後、「高齢者たちだけでなく、君たちにとっても住みやすい町になっていく必要があるよね。憲法に基づいて、こんな町になったらいいな、という未来予想図や希望を、みんなで次の時間に出し合ってみようね」と言って終わりにしました。

私は、憲法を未来の生活にどのように具体的に活かしていくのがよいのかを考えさせることが、憲法学習には大切なのだと考えています。憲法を解説したり、憲法から現実を考えるのではなく、現実の出来事や身の回りの出来事から憲法を見直していくのです。そうすれば、「移動権」のように、子ども自身が、もっと充実させた方がよいと思えるものが出てくるのではないでしょうか。まさに、逆転の発想です。憲法をより身近な物に感じさせていくことが大切なのです。

●マネジメントの視点●

① 子どもが興味・関心をもつ出来事がないか、日頃から目にする情報を活かして教材を開発。
② 生活体験をもとに意見を出し、話し合いをする授業展開の研究。
③ 身の回りの出来事をもとに、未来をどのようによくしていきたいか、子どもの思考を引き出す。

4　生活認識を交流し合う授業マネジメント〈理科〉

磁石のしくみを考える

三年生では磁石の学習をします。理科の教科書を見てみると、磁石の性質についてはていねいに説明されていて分かりやすい内容になっています。磁石の性質については理解ができますが、「そもそも磁石って何だろう」という本質的な問いには答えていない学習ではないかと思います。

私がかつて実践した「『磁石のしくみ』って、どうなっているの？」という授業を紹介したいと思います。

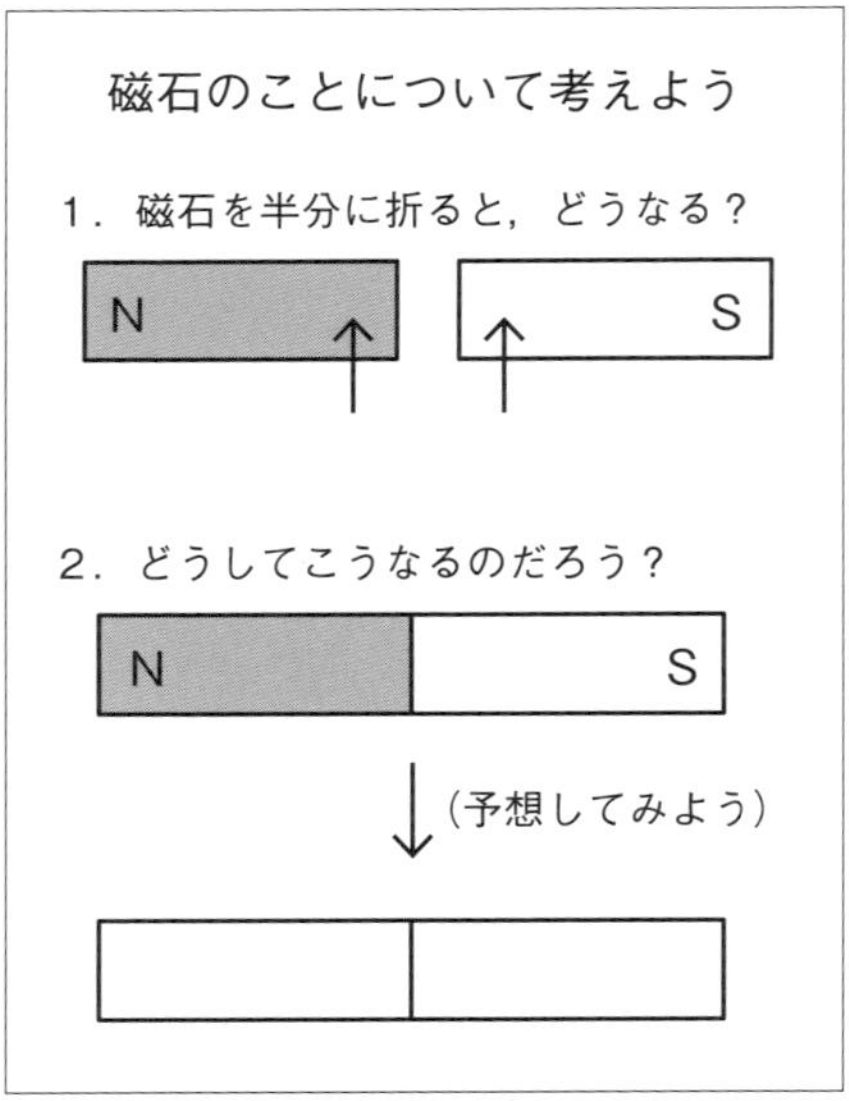
磁石のことについて考えよう
1．磁石を半分に折ると，どうなる？
N
S
2．どうしてこうなるのだろう？
N
S
(予想してみよう)

導入は、棒磁石を半分に折るところから始めました。磁石を半分に折ったときに、N極とS極がどのように変化するかを子どもたちにたずねた結果、次ページの〈実験〉の②のようになりました。その理由として、生活認識にもとづいた〈子どもの予想（仮説）〉が出されました。

討論をして深める

①～⑤の実験を進め、「どうしてこうなるのか？」を考えさせました。すると、次ページの資料のような考え方が出てきました。

子どもたちは、こうした形で自分の考え方を図に書いていき、説明をしていきます。そして、

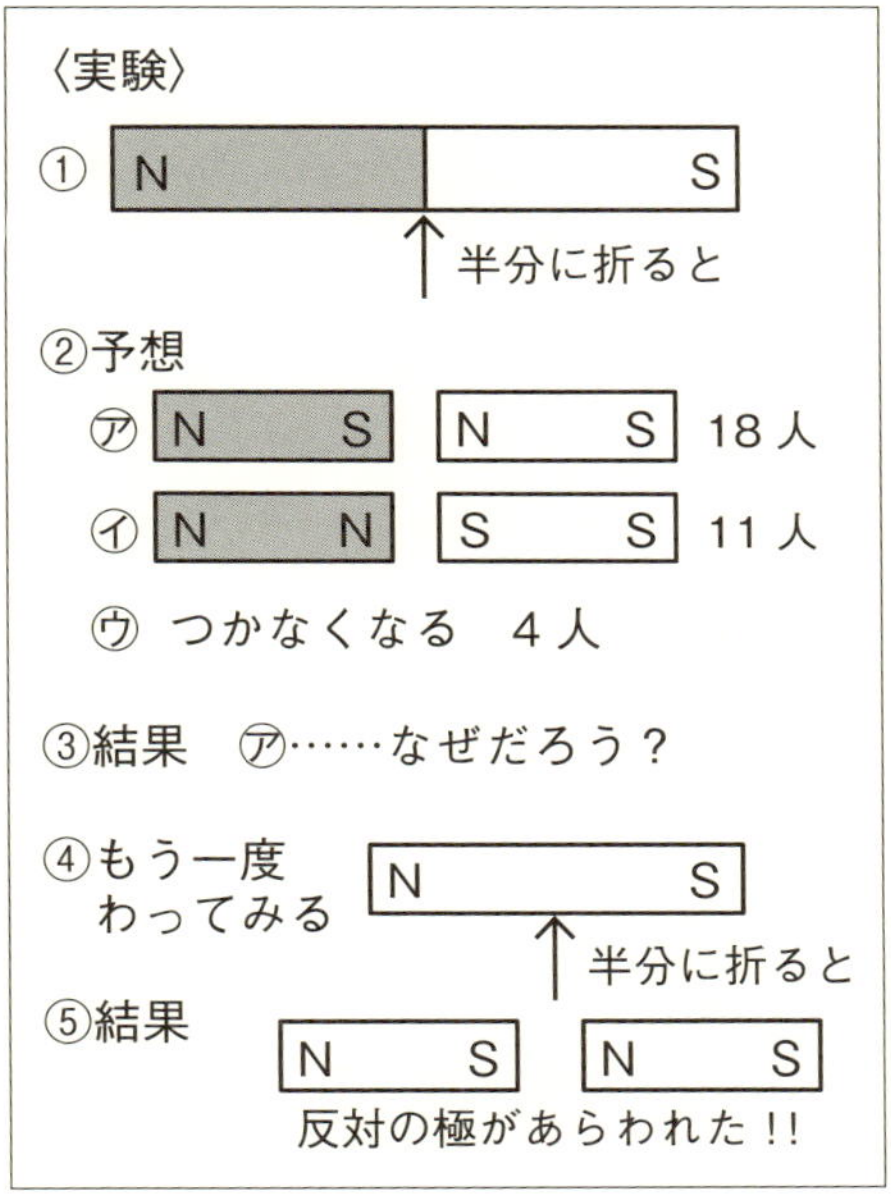

〈子どもの予想（仮説）〉

【㋐の考え】

・他の㋑や㋒だと，割れた物がくっつかなくなるから。（5人）

・割って，磁石はNとSになると思うから。（7人）

・割ったんだから，一つの磁石になると思う。

【㋑の考え】

・半分に割っただけだから，極はかわらない。（9人）

・これでも，割った物がいっしょにくっつくと思うから。

・磁石が電気だとしたらつかないけど，磁石は切っても使えるものだから。

【㋒の考え】

・SとNがあって磁石になる。半分に割ったら磁石じゃなくなると思う。

【子どもたちの予想】

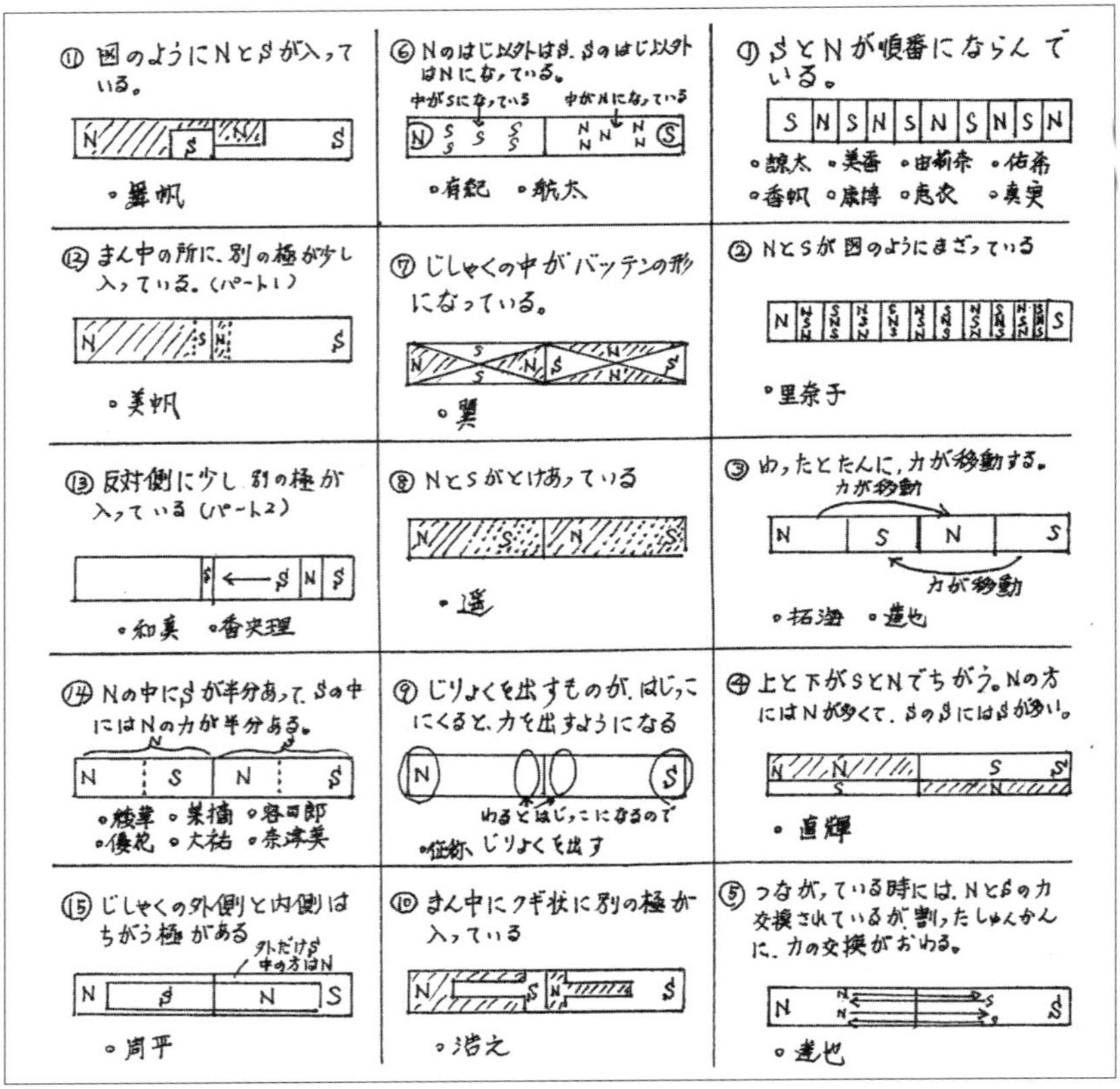

現象と矛盾していないかどうかをお互いに考え合っていくのです。例えば、上の資料の①のときには、「SとNが互い違いになっていると言うけど、その切れ目で切れるとはかぎらないじゃないの？」という具合に、考え合っていくのです。そして、お互いに生活認識にもとづいて意見を十分出し合ったあと、どのようにしたら正解にたどりつくかを考え合っていきました。

　すると、ある子どもから「磁石を粉々にしてみたらいい」というアイディアが出されました。磁石をビニール袋に入れて、とんかちでたたいて磁石を粉々にしました。すると、粉々になった小さな磁石にも、Ｎ極とＳ極があることが分かりました。そして、磁石には、Ｎ極とＳ極のある小さな粒が集まり、同じ方向に並んだものだということを理解することができました。つまり、上の図にあるような並び方ならどこで切ってもＳとＮになることが分かっていったのです。

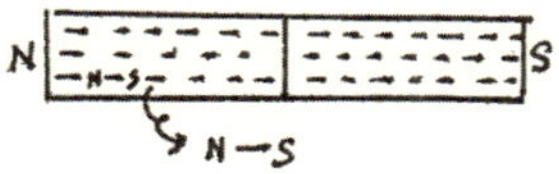

実は、こうした正解に到達するまでの過程が、子どもたちの学びにとっては、とても大事なのです。私は学級通信で次のように書きました。「へたでもいいし、不十分であってもいいから、まず自分で考えてみることが、とても大切だし、本物の学力をつけていくことにつながっていくのではないかと思うのです」

教科書だけで教えるのではなくて、生活認識から出発する考え方、つまり、生活の中で学んだことをもとにして考え、より深い学びにつなげていくことが求められているのではないでしょうか。

●マネジメントの視点●

①　結果に対する予想を、自分の生活の中で学んだことをもとに考えさせる授業研究。

②　学級全体で考え合いながら正解に到達していく過程を重視した授業研究。

③　生活の中で学んだことをもとに、より深い学びにつなげていく授業研究。

5　探求的な学習活動を創り出す授業マネジメント〈算数〉

三年生の算数が難しいのは、具体的思考から抽象的な思考へと移る移行期にあたるからです。一、二年生という学年は、主に具体物を使って学習していくのですが、三年生になると「具体物を頭の中で思い浮かべながら考えていく」という形になるのです。

つまり、操作中心から徐々に思考中心になっていくのです。その移行期を経て、高学年では、抽象的思考中心の学習になっていくのです。そうなると、この三年生の「具体的思考から抽象的思考」の移行期をうまくこえていくことが、高学年の学習を理解するためにも大切なのです。

そこで、私は三、四年生では、「絵解き算数」を中心に授業を進めていくようにしています。例えば、次ページのような問題があります。これについて、「絵解き算数」を使ったところ、たくさんの考え方が出てきました。

図を見てみると、②の「トランプ配り」の方法を考えている子どもが多いことが分かります。しかし、子どもたちは、意見を交換し合っているうちに、⑤の考え方が一番効率的ではないかということに気づいていきます。まさに、⑤の考え方が、筆算の考え方に一番近い方法なのです。

このようにして、一人ひとりが書いた図をもとに、お互いが自分の考え方や方法を説明し、一番効率的な方法を考え合うことで、子どもたちが自らの力で、筆算の考え方を発見していくことが大切です。筆算は、誰もがすぐに計算できる方法として、昔から、長い時間をかけて考えられてきた方法です。「具体的な思考から抽象的な思考」の移行期をうまくこえていくためには、そ

＜問題＞

79 この山びわを、3 人の子どもに同じに分けたら、いくつになるだろう。

〈子どもたちが考えた方法〉

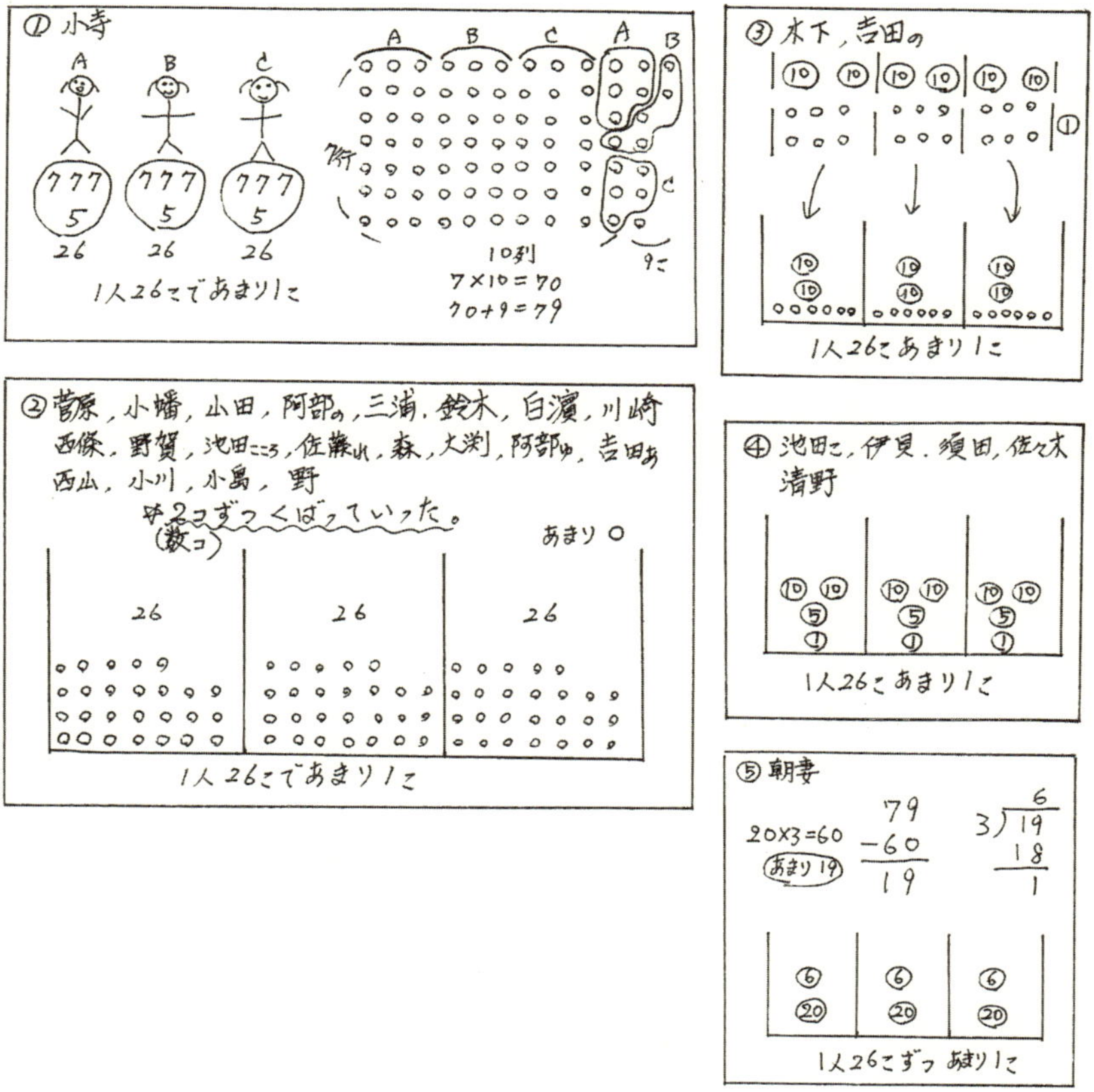

うした歴史を踏まえながら、図から効率的な方法（筆算）の探求を通して、立式へとつなげていくことが大切なのです。

子どもの感想を一つ、紹介します。学び合うことで、他者の考えを受け入れ、知識を広め、意欲を喚起していることがよく分かってもらえるのではないでしょうか。

「算数はおもしろいな」　西條　文哉（仮名）

二時間目に算数がありました。筆算をやりました。プリントの四枚目が配られて、最初の方はできたけど、絵にかくときは少し分からなくて、「これでいいのかな?」と思って、少し変えたりしていたら、ようやく答え合わせになった。

黒板に選ばれた人が書いた。見ていて、「へェー、そんな考えもあったんだな～」と思いました。ぼくも、「次はあんなふうに黒板に書いてやるぞ！！」という気持になりました。

●マネジメントの視点●

①　具体的思考を、絵や図を用いて抽象的思考につなげていく授業研究。
②　絵や図を説明することで、自分の考えたことを言語化させる授業研究。
③　考えを交流し合うことで、知識を広め、学習意欲を喚起する授業研究。

第三章　豊かな授業を保証するための学校マネジメント

1　教材研究・授業研究の時間を確保する取り組み

教育委員会の取り組み

今、さまざまな自治体で教師の多忙化を克服するための取り組みが行われています。その中の一つである福岡県春日市教育委員会の取り組みを紹介したいと思います。

春日市教育委員会は、二〇〇七年度に教員の実態調査を行い、出張・会議・打ち合わせ・事務・報告書の作成・ＰＴＡ等の外部対応に、多くの時間が割かれていることを明らかにしました。そして、「教師が子どもたちと向き合い、指導を行う時間を確保することが重要」と結論づけて、改革をスタートしました。

まず始めたことは、調査文書等による事務負担軽減のために、①調査内容の見直し、②調査の手法の見直し、③調査の重複の見直しの三つを行いました。それに合わせて、会議・打ち合わせの精選、授業準備や成績処理を効率的に進めるためのＩＣＴを活用したデータベースの構築をしていきました。このデータベースの構築は、学校内での情報共有を促し、校務の軽減につながっていきました。

特筆すべきなのは、「教育長『学校出前トーク』」というものです。今までは、どこでもおこなっているような、委員会による学校訪問・授業見学がおこなわれていました。それを、教育委員会事務局職員・教育委員等が学校に出向き、「教育長等と教職員が意見・情報等の相互交流」をおこなう場にしていきました。

その結果、立場を越えた相互理解が進み、教職員の声が教育委員会にダイレクトに届くようになりました。同時に、全教職員にも、教育委員会の指導助言や提供情報が浸透していくようになっていきました。その取り組みの結果、現場から出された意見や要望が、実現されるようになっていったのです。これは、教職員の意欲を喚起する大きな力になっていきました。(『先生は忙しいけれど。―「多忙」、その課題と改善―』日本標準教育研究所　二〇一四年より)

さらに、文部科学省のホームページにある「教員の勤務負担軽減に関する教育委員会による取組事例」というコーナーを見ると、全国で十七県が、何らかの形で、「教師の多忙化の克服」に取り組んでいるのです。今や、「教師の多忙化」は、教育行政にとっても大きな課題となっていることが分かります。行政と現場が手を取り合って勤務状況を改善していく条件がそろってきたといえるのではないでしょうか。

勤務時間内の自己研修時間の保証と校務の軽減を

第三回目の「小学校教師意識調査」(前述、二ページ)で、「授業準備の時間」を尋ねています。「十分とはいえないが、前日には準備を終えるようにしている」「必要な単元については、しっかり準備をしている」を合わせると、六七％になりました。つまり、七割近くの教師が教材研究の時間をなんとか確保しようと努力しているのです。

しかしながら、十分な時間が取れない実態も見えてきました。十分な教材研究の時間を確保することは、充実した授業にしていくために必要なことです。だからこそ、自己研修の時間として、教材研究や授業研究の時間を週時程の中に組み込むなどして、公的に時間を保証していくべきなのです。これは、今すぐ取り組めることです。

また、アンケートの記述欄を見ると、「デジタルソフトを使用して事務の簡素化を図っている」という声もありました。私が監修している『授業ナビ』（日本標準）というソフトは、「校務の軽減に役立つものであること」「学級での週案・日案の作成など、担任が使えるものであること」「到達目標と評価規準をもとにカリキュラム・マネジメントできるもの」の三つをコンセプトとして作成しました。手にとって、試してみて欲しいソフトです。

「個」ではなく「グループ」での取り組みで効率的な教材研究・授業研究を

「教師の多忙化の克服」のためには、効率的に教材研究や授業研究をおこなうことも大切です。効果的な取り組みの一つとして、作成プリントの共有化を紹介します。

まずは、各学年の棚を作っておき、各学年で作成した手作りプリントなどは、必ずその学年の棚に入れるようにします。すると、一年間経つとかなりの量になります。

次の年度になり新しい学年が決まったら、その学年の棚をまず見ます。そして、「必要なもの」「必要でないもの」に分け、「必要でないもの」については捨ててしまいます。「必要なもの」は取っておいて、使うようにし、新しい年度で作ったプリントも、棚に入れていくようにします。

面白い授業実践プリントがあったら、作成者に授業の様子を聞いてみるとよいのではないでしょうか。そのことが、教材研究や授業研究につながると同時に、楽しく分かりやすい授業の方法を共有化することにもつながるのです。

こうした取り組みを何年か繰り返すと、かなり役立つプリントが残っていくようになります。それを、スキャナーのＯＣＲ機能（手書き文字などをテキストデータとして認識する機能。）を使ってデータ化すると、テキストを一部変えるだけで、授業に使えるプリントに早変わりさせることができるようになるのです。これは、前学年の学習が不十分だった子どもに復習させるプリントとしても使えるようになります。

また、学年で教材研究と授業研究を進めることも効果的です。各学年で、「これは深く学ばせたい」という教材が、必ず各教科にあります。それを決めて、その教材については、学年会などを使って徹底的に教材研究と授業研究を進めましょう。一人でやるよりも、たくさんの知恵が集まってよりよいものになっていきます。

ただし、やり方を統一することはできるだけ避けましょう。それぞれの先生のやりたい方法を尊重することが、教材研究・授業研究の意欲につながるからです。それぞれ、別の方法でアプローチしてみて、その結果をもち寄ることで、よりよい授業を創造していく力になっていきます。

●マネジメントの視点●

①校務の効率化を図り、勤務時間内に教材研究や授業研究の時間を確保する取り組み。
②作成したプリントの共有化などで、多忙さの減少と、楽しく分かりやすい授業の共有化を図る。
③共同で教材研究や授業研究に取り組み、成果を上げていく環境づくり。

2　雑談が教師同士のコミュニケーションを深め、明日への気力をつくり出す

「雑談の効果」を再認識する

第四回目の「小学校教師意識調査」に、「勤務時間内に校務とは関係のない雑談や休息をする時間はありますか」という項目があります。それに対して、「ある」と答えたのが四八・一％で「ない」が五一・九％でした。ほぼ、半数以上が雑談する余裕さえないという状況です。

雑談の内容をみると、「他愛もない世間話」「家族のこと」「親の介護」「スポーツや趣味」などですが、「子どもの生徒指導上の課題点」を話している先生方も多く見られました。やはり、仕事の性質上、子どもとの関係性を創り出していきたいという願いがあるからだと考えられます。

では、雑談はどのような効果をもたらすのでしょうか。アンケートの記述欄を見ると、「同僚が、自分をサポートしてくれる仲間だと感じることができた」「ストレスをほぐせた」「人間関係がよ

くなり、仲良くなることで学校が楽しくなった」「なごやかになり、気持ちが落ち着く」などのメンタル面での大きなプラス効果があることが分かりました。

ある学校では、校長自らが職員室の後方に仕切りを作り、雑談できるようにしていました。勤務時間外に、教師たちはそこでお茶を飲み、お菓子を食べ、子どものことや人生のことなど、様々なことをしゃべってから帰路に着きます。しかも、晴れ晴れとした顔で帰っていくのです。学校でのストレスを学校で解消していくことで、家庭にストレスをもち込まないようにすることができるとのことでした。結局それは、翌日の勤務への意欲を高めることにつながっていったのです。その学校の校長が、「雑談スペースを作ったことで、先生方の仕事の効率が上がった」と胸を張って言っていた姿が印象的でした。

「雑談ができる場所がある」と答えたのは、四七・七%でした。意識的に雑談スペースを確保することが、大きな効果を生むのです。残りの五二・三%の学校も、雑談スペースを作ると同時に、雑談の時間を「余分な時間」と考えず、「リフレッシュする大切な時間」と考えることが必要なのではないでしょうか。

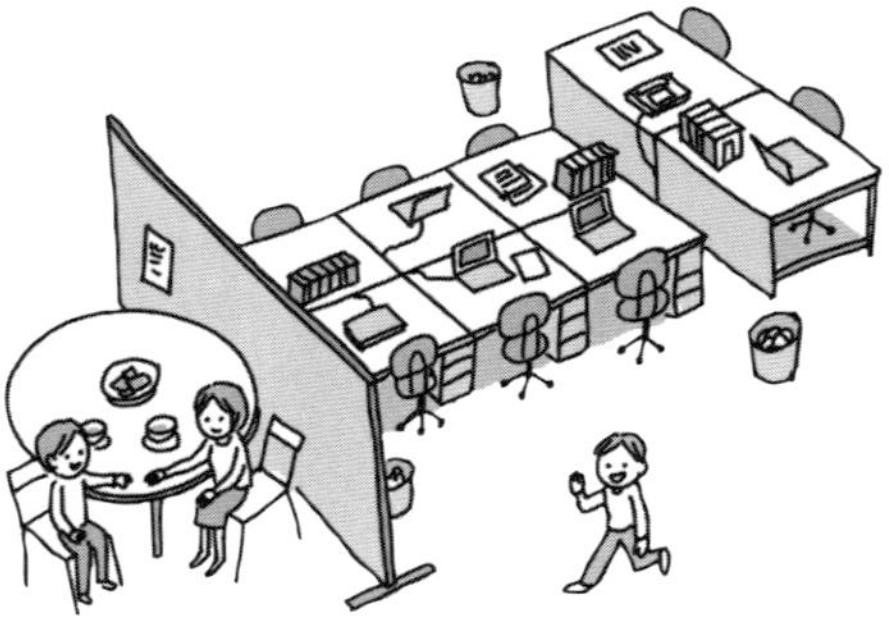

職員室の後ろの方に間仕切りを作り，その後ろに，丸テーブルを置いておきます。
お菓子やお茶を，すぐに手が届くように近くに置いておくとよいでしょう。

言葉がけの仕方

雑談のときに、どのような言葉がけが必要なのでしょうか。それは、自分と同じような経験をしたことがあるかを聞くことです。例えば、「私のクラスに、授業中騒がしい子がいるのですが、先生は騒がしい子を担任したことがありますか。もし、あったらどのような方法をとりましたか？」と聞くことです。相手の経験を聞こうという姿勢がある人には、教師というのは優しいものなのです。もともと、教師は誰でも教えたがりです。その部分に触れるように話すと、気軽に相談に乗ってくれます。

また、趣味の話なども、雑談の中に入れましょう。お互いのもち味や興味のあることを日頃から知っておくことが、気軽に雑談に入るためには必要です。雑談といいながらも、結局、悩みの交換会になることがあります。そうしたときは、それでいいのです。

年配の先生は、実は「若い先生は、パソコンやＩＣＴ機器も使えるし、仕事も結構スムーズに進めるし、かなわないな～」なんて思っているものなのです。だから、ちょっと気おくれしてしまい、声をかけづらいところがあるのです。若い先生も、自分から、声をかけていくことです。

雑談には、リラックスしたりストレスを軽減する効果があるのですから、とにかく思ったことをしゃべりましょう。ただし、相手に対しての「ＮＧワード」というのがありますから、それだけは気をつけましょう。

悩みを聴き合える素敵な職場を

こうした雑談スペースを上手に使いながら、「悩みを聴き合える素敵な職場」を創り出すことが、教師の同僚性を取り戻し、お互いが支え合う職場を創ることにもなるのです。

若い教師がよく口にすることは、「悩みを聴いてもらえる時間がない」ということです。若い教師は、ささいな事で悩むし、落ち込むことが多いのです。教師十年目の女性教師が、新任の頃のことをこう話してくれました。

「新任のクラスは、とにかくケンカの絶えないクラスで、二学期を迎える頃には『職を間違えた』と本気で後悔した。一年間が終わったら仕事を本気で辞めようと思っていた。そんな自分が仕事を続けられたのは、温かい先生たちとの出会いがあったからである。子どもが暴れてケンカをしたり、物を壊しても『あなたの指導がいけない』と責められたことが一度もなかった。へとへとになって職員室に戻ると、小瓶に野の花が生けてあったり、『おつかれさま』のメモがあったりした。学年の先生にも、たくさん励ましてもらったし、家庭訪問で帰りがすごく遅くなっても学年の先生が待っていてくれていて、「おかえり」と迎えてくれた。学校中のいろいろな先生が、『何かあったら言いな』と声をかけてくれた。そのおかげで、『仕事に行きたくない』と思うことは一度もなかった」

ここには、新任教師に対してだけでなく、全ての教師が温かく支え合う姿が見てとれます。こうした学校をみんなで創り出していくために、「学校マネジメント」を進めていきたいものです。

教師は多忙ですが、同時に「多忙感」を大きく感じています。多忙と多忙感は、違うものなのです。仕事がたくさんあっても、多忙や負担だと感じないことが教師にはあります。それは、どのようなときでしょうか。「小学校教師意識調査」の記述欄を見ると、「協力してくれる人がいる。やったことを認めてくれる人がいる」「管理職や同僚から認められたり、労をねぎらってもらうと負担感が減る」「管理職に信頼されて任されていると感じるとき」などがあがっていました。もちろん、「児童の変容」「親からの感謝」などについての記述もたくさんありましたが、上司や同僚から認められることが多忙感を軽減する大きな力になっているのも事実でした。

誰もが「人から認められたい」という思いをもっています。そのことを理解してもらいたいと思うのです。数字での評価でなく、人間同士としての温もりこそが大切になっているのです。「多忙感」は、軽減することができるのです。

●マネジメントの視点●

①雑談スペースの設置など、学校内でリレッシュできる環境づくり。

②悩みを共有し、お互いが支え合いながら課題を解決していける人間関係づくり。

おわりに

　このブックレットで読者の皆さんにお伝えしたかったのは、「よい授業」ということよりも、「創造的な授業」です。現在、「言語活動の充実」ということが、現場を席巻しています。もちろん、言語活動を充実させることが、全ての教科の底上げをはかる一助になることは間違いありません。

　しかし、言語活動を充実させれば、必ず全ての教科が分かるようになっていくわけではありません。教科にはそれぞれの独自性があります。その独自性を無視してはいけないのです。例えば、「絵解き算数」などを取り入れ、子どもたち一人ひとりの考え方や生活認識を出させ、それを言語活動を通して交流し合い、お互いが高め合っていくような授業をしてい

① 研究会のレポートを読もう

　研究会があったときには，私は全てのレポートを集めます。それを読んで，「知識として役立ちそうなレポート」「真似をしてみたいレポート」「視点を変えてみたら，もっと実践が高まりそうなレポート」に分けてファイルしておきます。若いうちは，人の実践をそっくり真似してみましょう。しかし，それだけを続けていては，自分の実践を創造していくことはできません。視点を変えて実践をしてみることが，自分の実践を深めるのに役立ちます。

② 実践家に学ぼう

　私は若いときに，教育者として有名な齋藤喜博先生の教え子といわれる人のところに，１泊２日で授業を見に行きました。１日目に授業を見学し，授業のコツを教えてもらいました。そして，夜には「授業をどう見たか？」「何を学んだか？」を話し合いました。翌日は，実際に授業をやらせてもらい，その総括をしました。その他には，実践家として有名な方のところに月２回通い，手取り足取り実践を教えてもらいました。

くことが大切なのです。

ＰＤＣＡサイクル（Plan-Do-Check-Action の四段階を繰り返すことで、仕事を円滑に進める方法。）というものがあります。Ｃのチェックでは、様々な方法が工夫されています。しかし、私たち教師にとってのチェックとは、何でしょうか。「子どもが分かったか？」だけでなく、「教師の教え方はどうだったか？」の両面からチェックする視点をもつべきです。

また、子どもたちの「分かった」「できるようになった」という笑顔こそが私たち教師にとってのチェックなのだと、ここ最近とみに思うようになりました。「小学校教師意識調査」からも、「子どもたちの笑顔が励み」という声が、多数寄せられました。

私たち教師は、数字の評価のための授業をしていないでしょうか。本当の評価とは、「子どもたちの笑顔」なのです。それが、私たち教師の最高のご褒美なのだと思うのです。教

③ レポートを積極的に書こう

指導案を書く機会はたくさんありますが，子どもの実態や自分の実践をていねいにレポートにしていくことが大切です。それを見てもらってアドバイスをもらうとよいでしょう。忙しいのは分かりますが，年齢や経験を重ねていながら実践力がないと，結局子どもを力で押さえつける教師になってしまう可能性が高まってしまいます。

④ 現地調査を積極的にしよう

百聞は一見にしかず。まず，現地に行って，いろいろな物を見てきましょう。そして，現地の人に話を聞いてみましょう。私は，現地調査に行くときには，なるべく鈍行列車に乗るようにしていました。鈍行列車には，地元の人が乗ります。そうした人たちの話は役立ちます。

師を志望した原点にもう一度戻ってもらいたいと思うのです。どの子も大事にし、一人ひとりの話を「うん、うん」と聴いてあげて欲しいのです。それだけで、学校は喜びに満ちたものになっていくはずです。そして学校のもっている力を修復し、より高めていって欲しいと思うのです。学校は「母校」といわれるように、優しさと慈愛に満ちた存在として語られてきたはずです。その意味を、もう一度かみしめてみて下さい。ここで紹介した方法や考え方は、だれでも実行できると思います。自分の実践を高めていくヒントにしていただければ嬉しいです。

また、子どもの問題が複雑化していく中、教師個人だけでできることが、少なくなっていることも否定できません。学校や地域・教育委員会とも手を取り合って、改善に取り組んでいって欲しいと思うのです。子どもたち

⑤ 時刻表を見よう

今は，スマートフォンでルート検索ができます。しかし，それだと地理感覚が育ちません。時刻表や地図を見ながら，どこにどんな駅があるのかや路線がどのようにつながっているのかなどを知ることで，社会科を教えていく基礎ができていきます。

⑥ 演劇を見よう

有名な劇団でなくてもよいので，評判のよい演劇を見に行きましょう。どのように演出しているか，ストーリー性をどのようにしているかなどを見ましょう。阪田寛夫さんの小説を原作にした『桃次郎の冒険』というファミリーミュージカルがなかなかでした。桃太郎の続きの物語として，視点を変えることの面白さを知ることができました。

にとって本当に大切なことなら、手を取り合えるはずなのです。

そのときの力になるのが、「マネジメント」という考え方です。授業を改善し、どの子にも「確かな学力」を身につけさせる。子どもたちのもち味がお互いに理解され、のびのびと学習に取り組める学級をつくる。学級で身につけた力が、学校を活性化させ、学校全体が創造的で前進的な雰囲気になるようにしていく。そして、子どもたちが学校の主人公になれるように育てていく。これらのことを進めていくためにも、本書で紹介した「授業マネジメント」「学級マネジメント」「学校マネジメント」などの視点を参考にし、活用してみて欲しいと思います。

教師には真面目な人が多く、事務作業でも全力を傾けてしまう人が多いのです。仮に雑務が半分に減ったとしても、教育は無限の広

⑦ 視点を変えた小説を読もう

演劇だけでなく，小説も役立ちます。井上ひさしさんの『不忠臣蔵 』などで，「もう一つの忠臣蔵」として，別の側面を見ることの大切さを知りました。この視点は，自分の実践を見るときに役立ちました。

⑧ ドキュメンタリーを見よう

テレビのドキュメンタリーは，情報の宝庫です。見るかどうかは別として，録画しておいて損はありません。社会で紹介した「憲法の学習」も，そうした中で生まれた実践です。

がりをもつ仕事なのです。どんなに忙しいときでも、真っ先に守るべきものは何なのか、自分なりに優先順位をつけることも大切だと思うのです。

最後に、本章の下段に、幅広い知識を獲得して、質の高い授業をしていくため、私自身が若いころから実践してきた十の方法を紹介します。一番大切なポイントは、様々な視点を身につけることです。質の高い授業を実践していくための一助になれば幸いです。

寒さが厳しくなってきた冬の暖かい窓辺にて

二〇一四年十二月

白梅学園大学教授　増田　修治

⑨ 地域とつながろう

地域の働いている人や商店街の人とつながることが大切です。話を通して，教師の見えない地域の実情が見えてくるからです。それが，子どもの理解に役立ちました。

⑩ 寄席通いをしよう

子どもをひきつける話し方や間の取り方を身につけることは，とても大切です。それが上手なのは，落語家です。若い頃は，よく寄席通いをしました。午前から行ってお昼ご飯を食べて，午後も聞くなどをしていました。

●**著者紹介**

増田修治（ますだ しゅうじ）

1958年生まれ。埼玉大学教育学部を卒業後，小学校教諭として28年間勤務。「ユーモア詩」を通じた学級づくりに取り組んできた。2001年に「児童詩教育賞」を受賞。別名「どんぐり先生」。

白梅学園大学子ども学部子ども学科教授。NPO日本標準教育研究所理事。若手の小学校教諭を集めた「教育実践研究会」や，小学校教諭を対象とした研修などを通して，後進の育成に力を注いでいる。専門は「国語科指導法」「臨床教育学」「学級経営論」など。

著書

『「ホンネ」が響き合う教室―どんぐり先生のユーモア詩を通した学級づくり―』（ミネルヴァ書房）
『母親幻想から脱け出す』（子どもの未来社）
『子どもが伸びる！親のユーモア練習帳』（新紀元社）
『笑って伸ばす子どもの力』（主婦の友社）
『ユーモアいっぱい！小学生の笑える詩』（PHP研究所）
『先生は忙しいけれど。―「多忙」、その課題と改善―』（共著、日本標準教育研究所）　など多数

日本標準ブックレット No.15

先生！ 今日の授業 楽しかった！

―多忙感を吹き飛ばす、マネジメントの視点―

2015年2月15日　第1刷発行

著　者　増田修治
発行者　山田雅彦
発行所　株式会社 日本標準
〒167-0052　東京都杉並区南荻窪3-31-18
Tel 03-3334-2630〈編集〉042-984-1425〈営業〉
ホームページ　http://www.nipponhyojun.co.jp/

デザイン・制作　有限会社 トビアス　　表紙・本文イラスト　かたおかともこ
印刷・製本　株式会社 リーブルテック

ISBN 978-4-8208-0583-0

「日本標準ブックレット」の刊行にあたって

日本国憲法がめざす理想の実現は、根本において教育の力に待つべきものとして教育基本法が制定され、戦後日本の教育ははじまりました。以来、教育制度、教育行政や学校、教師、子どもたちの姿など、教育の状況は幾多の変遷を経ながら現在に至っていますが、その中にあって、日々、目の前の子どもたちと向き合いながら積み重ねてきた全国の教師たちの実践が、次の時代を担う子どもたちの健やかな成長を助け、学力を保障しえてきたことは言うまでもないことです。

しかし今、学校と教師を取り巻く環境は、教育の状況を越えて日本社会それ自体の状況の変化の中で大きく揺れています。教育の現場で発生するさまざまな問題は、広く社会の関心事にもなるようになりました。競争社会と格差社会への著しい傾斜は、家庭や地域社会の教育力の低下をもたらしています。学校教育や教師への要望はさらに強まり、向けられるまなざしは厳しく、求められる役割はますます重くなってきているようです。そして、教師の世代交代という大きな波は、教育実践の継承が重要な課題になってきていることを示しています。

このような認識のもと、日本標準ブックレットをスタートさせることになりました。今を生きる教師に投げかけられている教育の課題は多種多様です。これらの課題について、時代の変化に伴う新しいテーマと、いつの時代にあっても確実に継承しておきたい普遍的なテーマを、教育に関心を持つ方々にわかりやすく提示しようというものです。このことによって教師にとってはこれからの道筋をつける手助けになることを目的としています。

このブックレットが、読者のみなさまにとって意義のある役割を果たせることを願ってやみません。

二〇〇六年三月　日本標準ブックレット編集室